JN003052

はじめての人のための

中小企業の

事業再生と税務の基礎Q&A

税理士・中小企業診断士
一般社団法人 中小企業私的再建推進協会 理事長 賀須井 章人

税務経理協会

はじめに

私は，東京国税局管内の税務署にて13年ほど勤務したのちに，税理士として独立したのですが，ご縁があって，東京商工会議所に設置されていた東京都中小企業再生支援協議会にて中小企業の事業再生に取り組む機会を得ました。中小企業再生支援協議会（以下「再生支援協議会」といいます）をご存知ない方のために少しだけ再生支援協議会について説明します。再生支援協議会とは，中小企業の経営改善，事業再生などを支援する公的機関で47都道府県に1箇所ずつ設置されており，平成15年のスタートから令和3年3月までに49,971件の相談に応じ，15,591件の事業再生計画の策定支援を行っています。再生支援協議会には，事業再生の実務に通じた専門家が常駐しており，企業の相談に丁寧に応じています。

中小企業再生では，取引先を巻き込まずに，金融機関だけの支援により再生させる「再生支援協議会」の私的再生が主流になってきています。また，経営改善支援センターなどと連携して，早期の経営改善に取り組んでいたり，企業の再生が果たせないようなケースでも経営者の再チャレンジの支援に取り組んだりなど，その業務の幅は非常に広くなっているところです。

平成18年から20年まで約2年間，再生支援協議会で中小企業の事業再生の取り組んできたわけですが，税務という側面から見ると，中小企業の事業再生ではどのような課税関係が発生するのかが非常にわかりづらいと感じていました。企業の再生といっても，中小企業の場合は，経営者が借入金の連帯保証をしているため，その企業だけでなく個人の債務整理も同時に検討する必要があります。関係者は債務者である中小企業，債権者である金融機関等，そして保証人である経営者個人，ときには経営者の親族など多岐にわたります。とりわけ税務の問題は複雑で，かつ，結論を出しにくいというか，結果を予測しづらい面があります。当時は，再生支援協議会が行っていたような，いわゆる私的整理の世界は発展途上の段階にあり，日々いろいろな手法が生み出され，その都度，では税務上の取扱いはどうなるのだろうと検討しているような状況でした。

その後，再生支援協議会から中小企業再生支援全国本部へ移り，全国の再生支援協議会の案件を目にすることとなりました。当時の印象としては，地域によって非常にばらつきがあったのですが，その中でも税務問題については，全体的に十分な検討がされていないと感じました。税務上の問題が発生すると意図していない納税資金が必要になり，当初考えていた資金繰りの計画は実行不能になります。当然ですが，事業再生に取り組んでいるすべての関係者にとって，税務問題は発生しては困る問題のはずですが，難しいので後回しにされている，そのような印象を受けました。

それからもう１つ感じたのは，計画策定に携わる関係者の税務問題を検討する方向性が違ってしまっているというものでした。具体的には，「どうやったら税金を払わないで済むか」，もしくは「どうやったら税金を安くできるか」という話にばかり力が入っていました。技巧的なスキームを組んでも，万が一調査で否認されるようなことがあれば，同様に資金繰りが悪化して，大勢の方が関与して事業再生を果たした会社が再び窮境に陥るわけです。否認されてしまう可能性について検討をお願いしても，その計画を組み立てた専門家からは，「他でも同様のスキームを使ったが，今までのところ特に指摘されていない」とか「税務調査なんて来ないから大丈夫だ」と言われてしまったこともありました。潜在的な債権者である税務当局から指摘を受けるかもしれないというような税務上のリスクをとる必要はなく，むしろ経営者や取引金融機関をそのようなリスクから開放して，経営者が事業に注力できる環境を整えるのが事業再生だと私は考えていました。

その後，事業再生に関する税務問題については，それこそ毎年のように税制改正が行われ，徐々にではありましたが，結果を予測しやすい，中小企業の事業再生においても非常に望ましい方向に進んできています。とはいえ，私的整理に関する知識は，中小企業を取り巻く環境と相まって，ますます重要になってきており，案件数もしばらくは増え続けるでしょう。また，これまで色々な手法が出てきたように，これからも様々な手法が出てくることでしょう。そのような局面に至ったときは，これまでがそうであったように，１つ１つ税務上の取扱いがどのようになるのかを考えていく必要があります。そのときには，「不要なリスクを抱えない」という軸を持ち考えておけばよいと思います。

本書では，これまで私が経験してきた案件において発生した税務問題を，事例形式で紹介することで，中小企業の事業再生ではどのような税務問題が発生し，そのときにどのような議論がなされていたのかを示すことができればと考えています。

また，本書の読者としては，初めて経営改善や事業再生を担当することとなった人や，再生計画における税務問題をこれから検討するという人を対象としているつもりです。つまり，本書では，事業再生の税務問題に初めて関わる方向けに基本的な税務の課題を丁寧に説明することを目指しています。ただでさえわかりにくい税務問題なので，可能な限り簡易に説明することに努めました。したがって，事業再生を専門にしている税理士などの専門家の方々にとってみればやや物足りない内容になっているかもしれません。とはいえ，細かい論点もできる限り取り入れました。これらのうちに１つでも参考になる部分があれば幸いです。

最後に本書の編集にあたっては，再生支援協議会や全国本部で大変お世話になり，私の師匠ともいえる御三方，藤原敬三氏，小山田康雄氏，福島健人氏には多大な協力をいただきました。また，税務経理協会の中村謙一氏には毎週のように叱咤激励をいただき，ようやく出版にこぎつけました。皆様には大変感謝をしております。

なお，文中の意見にかかる部分は筆者個人の意見であり，税務当局に確認をとっている訳ではありません。実際の案件ではさらなる慎重なご判断をお願いいたします。

2021年９月

賀須井　章人

CONTENTS

第 1 章

事業再生における税務の基本

Q1 青色欠損金を利用したタックスプラン

当社で経営改善計画を作成したところ，今後5年間で500の利益を出すことができそうだとわかりました。顧問税理士から青色欠損金が550あると聞いていたので，法人税の負担はないと考えていたのですが，事業計画の作成に関わったコンサルタントから，「青色欠損金が足りないかもしれない」と言われています。そのようなことがあるのでしょうか。

年度	X （見込み）	X＋1	X＋2	X＋3	X＋4	X＋5
税引前利益	0	50	50	100	100	200

A

青色欠損金には繰越期限があるので，単純な残高だけではなくその欠損金がいつまで使えるのかを必ず確認しなければなりません。

1 タックスプランの重要性

事業計画を立てる際には，利益やキャッシュフローを伸ばす方法，つまり利益およびキャッシュフローの最大化については，みんなで知恵を出し合って，一生懸命考えます。ところが，利益の先にある税金の支払いというところになると，途端に思考停止してしまいがちです。もちろん，税金なんだから支払うしかないじゃないか考えるのは正しい発想です。ただ，税金の支払いはキャッシュアウトを伴いますから，事業の改善に向けた資金を確保するという意味においても，タックスプランは非常に重要です。つまり，タックスプランを検討するということは，税引後利益および税引後のキャッシュフローの最大化について検討するということです。

タックスプランと聞くと，何か難しい話になるのではないかと思われるかもしれません。確かに，債権放棄や第二会社方式などといった複雑な問題が絡み合った再生計画を作るときのタックスプランは特殊な検討項目が多く厄介です。ですが，そうした案件というのはごくわずかで，大半は何とか事業を改善して少しでも利益やキャッシュフローを増やそうという経営改善計画なのです。取引金融機関に求める支援も債権放棄のような特殊なものではなく，経営改善後のキャッシュフローに合わせて返済額を緩和してもらうこと（リスケジュール）がほとんどです。ただし，こうした計画ほど，あまりタックスプランが検討された形跡がなく，後になって税務問題が発生しているケースが少なくありません。

本設問では，タックスプランの基本中の基本として，まず青色欠損金を紹介します。また，それ以外の頻出論点として，次の**Q4**では，「不良債権の処理について」，**Q3**では，「在庫の処分について」を紹介します。この3つはそれぞれが多くの案件で検討されるべきタックスプランとなっていますので，参考にしてもらえればと思います。では，まず青色欠損金についての検討です。

2 青色欠損金

青色欠損金とは，その年に発生した欠損金を10年間にわたって繰り越し，将来発生する利益と相殺することができる欠損金のことです。つまり，10年前からの欠損金をもって今年の利益と相殺し，法人税の負担を減らすことができるのです。

この10年という部分は改正によって繰越期間が延長されてきています。本書では10年で統一していますが，実際に適用するときは改めて確認してください。

この青色欠損金は事業計画におけるタックスプランの基本ですので，事業計画を立てるときには，必ずこの青色欠損金がいくらあるのかを確認することになります。また，繰越しができる期間には限りがありますから，その欠損金がいつまで使えるのかという点もポイントになります。

では，具体的にどのように青色欠損金の金額を確認するのか説明します。5頁の図を見てください。これは，法人税の確定申告書の別表1で，確定申告書を受け取ったときに表紙になっているものです。この別表1の「32」欄を見てください。ここに小さい字で「翌期へ繰り越す欠損金又は災害損失金」とありますが，これが来年度に繰り越すことになる青色欠損金の総額になります。来年度450まで利益が出たとしても法人税は発生しないということです。

次に，いつまで使えるのかという点を確認します。6頁の図は法人税の確定申告書の別表7(1)「欠損金又は災害損失金の損金算入等に関する明細書」です。この別表でその欠損金がいつまで使えるかを見ていくわけです。普段はそこまで見ていないかもしれませんが，今日は時間をかけてゆっくり見てみることにしましょう。まず左側を縦に見ると事業年度が古い順に並んでいます。そして，1番上のX－10年3月期（X－11年4月1日からX－10年3月31日までの年度）の右側には斜線があります。その斜線の上には,「翌期繰越額」とありますから，この1番上の100については，翌期へ繰り越されないということになります。つまり，顧問税理士が「青色欠損金は550ある」と言っていたのは，今年度（X年度）のはじめの話であって，来年度（X＋1年度）に繰り越される青色欠損金は450しかないということです。さらにその次の年には，90が翌期へ繰り越されなくなるわけですから，この計画を前提として，来年以降の青色欠損金の残高を考えると以下のようになります。

別表一　各事業年度の所得に係る申告書－内国法人の分……令二・四・一以後終了事業年度等分

税務署受付印	令和　年　月　日 税務署長殿	所管 / 業種目 / 概況書 / 要否 / 別表等	※税務署処理欄
納税地	電話(　　)　－	法人区分：普通法人(特定の医療法人を除く。)一般社団法人等、みなし公益法人等又は人格のない社団等 / 左記以外の公益法人等、協同組合等又は特定の医療法人	青色申告　一連番号
(フリガナ) 法人名		事業種目	整理番号
法人番号		期末現在の資本金の額又は出資金の額　円 / 同上が1億円以下の普通法人のうち中小法人に該当しないもの　非中小法人	事業年度(至)　年　月　日
(フリガナ) 代表者記名押印	印	同非区分：特定同族会社 / 同族会社 / 非同族会社	売上金額　兆　十億　百万
代表者住所		旧納税地及び旧法人名等	申告年月日　年　月　日
		添付書類：貸借対照表、損益計算書、株主(社員)資本等変動計算書又は損益金処分表、勘定科目内訳明細書、事業概況書、組織再編成に係る契約書等の写し、組織再編成に係る移転資産等の明細書	通信日付印(年　月　日) / 確認印 / 庁指定 / 局指定 / 指導等 / 区分
			申告区分：法人税(中間・期限後・修正) / 地方法人税(中間・期限後・修正)

平成・令和　X-1 年　4 月　1 日　事業年度分の法人税　確定　申告書
令和　X 年　3 月　31 日　課税事業年度分の地方法人税　申告書
（中間申告の場合の計算期間　令和　年　月　日　令和　年　月　日）

翌年以降送付要否	要	否	適用額明細書提出の有無	有	無
税理士法第30条の書面提出有	有		税理士法第33条の2の書面提出有	有	

この申告書による法人税額の計算（十億・百万・千・円）

区分	項目	番号	金額
	所得金額又は欠損金額（別表四「48の①」）	1	0
	法人税額 (53)＋(54)＋(55)	2	
	法人税額の特別控除額（別表六(六)「4」）	3	
	差引法人税額 (2)－(3)	4	
	連結納税の承認を取り消された場合等における既に控除された法人税額の特別控除額の加算額	5	
土地譲渡利益金	課税土地譲渡利益金額（別表三(二)「24」＋別表三(二の二)「25」＋別表三(三)「20」）	6	000
土地譲渡利益金	同上に対する税額 (22)＋(23)＋(24)	7	
留保金	課税留保金額（別表三(一)「4」）	8	000
留保金	同上に対する税額（別表三(一)「8」）	9	
			00
	法人税額計 (4)＋(5)＋(7)＋(9)	10	
	分配時調整外国税相当額及び外国関係会社等に係る控除対象所得税額等相当額の控除額（別表六(五の二)「7」＋別表十七(三の十二)「3」）	11	
	仮装経理に基づく過大申告の更正に伴う控除法人税額	12	
	控除税額（((10)－(11)－(12))と(19)のうち少ない金額）	13	
	差引所得に対する法人税額 (10)－(11)－(12)－(13)	14	00
	中間申告分の法人税額	15	00
	差引確定法人税額 (14)－(15)（中間申告の場合はその税額とし、マイナスの場合は、(26)へ記入）	16	00

この申告書による地方法人税額の計算

区分	項目	番号	金額
課税標準法人税額の計算（基準法人税額）	所得の金額に対する法人税額 (4)＋(5)＋(7)＋(10の外書)	33	
課税標準法人税額の計算（基準法人税額）	課税留保金額に対する法人税額 (9)	34	
課税標準法人税額の計算	課税標準法人税額 (33)＋(34)	35	000
	地方法人税額 (58)	36	
	課税留保金額に係る地方法人税額 (59)	37	
	所得地方法人税額 (36)＋(37)	38	
	分配時調整外国税相当額及び外国関係会社等に係る控除対象所得税額等相当額の控除額（((別表六(五の二)「8」)＋(別表十七(三の十二)「4」))と(38)のうち少ない金額）	39	
	外国税額の控除額（別表六(二)「50」）	40	
	仮装経理に基づく過大申告の更正に伴う控除地方法人税額	41	
	差引地方法人税額 (38)－(39)－(40)－(41)	42	00
	中間申告分の地方法人税額	43	00
	差引確定地方法人税額 (42)－(43)（中間申告の場合はその税額とし、マイナスの場合は、(45)へ記入）	44	00

区分	項目	番号	金額
控除税額の計算	所得税の額（別表六(一)「6の③」）	17	
控除税額の計算	外国税額（別表六(二)「20」）	18	
控除税額の計算	計 (17)＋(18)	19	
控除税額の計算	控除した金額 (13)	20	
控除税額の計算	控除しきれなかった金額 (19)－(20)	21	
土地譲渡税額の内訳	土地譲渡税額（別表三(二)「27」）	22	0
土地譲渡税額の内訳	同上（別表三(二の二)「28」）	23	0
土地譲渡税額の内訳	同上（別表三(三)「23」）	24	00
この申告による還付金額	所得税額等の還付金額 (21)	25	
この申告による還付金額	中間納付額 (15)－(14)	26	
この申告による還付金額	欠損金の繰戻しによる還付請求税額	27	外
この申告による還付金額	計 (25)＋(26)＋(27)	28	外
この申告が修正申告である場合	この申告前の所得金額又は欠損金額 (60)	29	
この申告が修正申告である場合	この申告により納付すべき法人税額又は減少する還付請求税額 (65)	30	外　00
	欠損金又は災害損失金等の当期控除額（別表七(一)「4の計」＋(別表七(二)「9」若しくは「21」又は別表七(三)「10」)）	31	
	翌期へ繰り越す欠損金又は災害損失金（別表七(一)「5の合計」）	32	450
	この申告による還付金額 (43)－(42)	45	外
この申告が修正申告である場合（この申告前の）	所得の金額に対する法人税額 (68)	46	
この申告が修正申告である場合（この申告前の）	課税留保金額に対する法人税額 (69)	47	
この申告が修正申告である場合（この申告前の）	課税標準法人税額 (70)	48	000
この申告が修正申告である場合	この申告により納付すべき地方法人税額 (74)	49	00
	剰余金・利益の配当（剰余金の分配）の金額		

残余財産の最後の分配又は引渡しの日	令和　年　月　日	決算確定の日	令和　年　月　日
還付を受けようとする金融機関等	銀行・金庫・組合・農協・漁協　本店・支店・出張所・本所・支所　預金	郵便局名等	
口座番号		ゆうちょ銀行の貯金記号番号	－
※税務署処理欄			

税理士署名押印	印

⑤ 欠損金又は災害損失金の損金算入等に関する明細書

事業年度	X-1・4・1 X・3・31	法人名	

控除前所得金額 (別表四「39の①」)−(別表七(二)「9」又は「21」)	1	円	所得金額控除限度額 (1)× 50又は100/100	2	円

事業年度	区分	控除未済欠損金額	当期控除額 (当該事業年度の(3)と((2)−当該事業年度前の(4)の合計額)のうち少ない金額)	翌期繰越額 ((3)−(4))又は(別表七(三)「15」)
		3	4	5
X-10・3・31	青色欠損・連結みなし欠損・災害損失	100 円	円	
X-9・3・31	青色欠損・連結みなし欠損・災害損失	90		90 円
X-8・3・31	青色欠損・連結みなし欠損・災害損失	80		80
X-7・3・31	青色欠損・連結みなし欠損・災害損失	70		70
X-6・3・31	青色欠損・連結みなし欠損・災害損失	60		60
X-5・3・31	青色欠損・連結みなし欠損・災害損失	50		50
X-4・3・31	青色欠損・連結みなし欠損・災害損失	40		40
X-3・3・31	青色欠損・連結みなし欠損・災害損失	30		30
X-2・3・31	青色欠損・連結みなし欠損・災害損失	20		20
X-1・3・31	青色欠損・連結みなし欠損・災害損失	10		10
計		550		450
当期分	欠損金額 (別表四「48の①」)		欠損金の繰戻し額	
	同上のうち 災害損失金			
	同上のうち 青色欠損金			
合計				450

災害により生じた損失の額の計算

災害の種類			災害のやんだ日又はやむを得ない事情のやんだ日	・　・
災害を受けた資産の別		棚卸資産 ①	固定資産 (固定資産に準ずる繰延資産を含む。) ②	計 ①+② ③
当期の欠損金額 (別表四「48の①」)	6			円
災害により生じた損失の額 資産の滅失等により生じた損失の額	7	円	円	
災害により生じた損失の額 被害資産の原状回復のための費用等に係る損失の額	8			
災害により生じた損失の額 被害の拡大又は発生の防止のための費用に係る損失の額	9			
災害により生じた損失の額 計 (7)+(8)+(9)	10			
保険金又は損害賠償金等の額	11			
差引災害により生じた損失の額 (10)−(11)	12			
同上のうち所得税額の還付又は欠損金の繰戻しの対象となる災害損失金額	13			
中間申告における災害損失欠損金の繰戻し額	14			
繰戻しの対象となる災害損失欠損金額 ((6の③)と((13の③)−(14の③))のうち少ない金額)	15			
繰越控除の対象となる損失の額 ((6の③)と((12の③)−(14の③))のうち少ない金額)	16			

別表七(一) 令二・四・一以後終了事業年度分

	X	X+1	X+2	X+3	X+4	X+5
①税引前当期利益	0	50	50	100	100	200
②繰越欠損金の当期控除額	0	50	50	100	100	80
X−10	100					
X−9	90	40				
X−8	80	80	30			
X−7	70	70	70	0		
X−6	60	60	60	30	0	
X−5	50	50	50	50	0	0
X−4	40	40	40	40	20	0
X−3	30	30	30	30	30	0
X−2	20	20	20	20	20	0
X−1	10	10	10	10	10	0
残額	550	400	310	180	80	0
③課税所得金額（①−②）	0	0	0	0	0	120

このように計画の最終年度であるX＋５期には，青色欠損金を使い切ってしまうわけです。わかりやすいように極端な例にしましたが，これで考え方が理解できると思います。この設問に限らず，青色欠損金の期限が来てしまうことを意識しておけば，以下のような例で活用できます。

例えば，X−９期の欠損金90は９年前の欠損金ですから，来年度（X＋１）は使えますが，その翌年度（X＋２）には繰り越せません。であれば，それを意識して来年度に含み益のある資産を売却するであるとか，役員借入金の免除を受けるなどの対策を計画するわけです。これが，青色欠損金を使ったタックスプランの例になります。

このように，青色欠損金の検討を行う場合には，まず，①青色欠損金の総額がいくらあるのかを確認します。次に，②その青色欠損金がいつまで使えるのかを確認します。最後に，③その青色欠損金が本当に使えるかどうかを確認します。このように青色欠損金については，３段階で確認をする必要があるのです。①と②は問題はないと思いますが，問題は③です。例えば，以下のような例を考えてみてください。

年度	欠損金の額
X–10	–
X–9	–
X–8	–
X–7	–
X–6	–
X–5	–
X–4	–
X–3	–
X–2	–
X–1	550
合計	550

直前のX－1年度において多額の欠損金が計上されています。このような場合には，なぜ短期間に多額の欠損金が発生しているのかを慎重に検討しなければなりません。時々，税務上の取扱いを意識しないで，過去の経理処理の修正を一度に行い，多額の損失を計上しているような場合があります。「本当に使えるかどうか」とは税務上問題のない処理をされた結果発生している欠損金かどうかということです。この部分はなかなか結論が出ない難しい判断になることもあると思いますが，専門家を交えてしっかりと検討することをおすすめします。

Q2 減価償却不足額はなぜ発生するのか

取引金融機関に決算書を提出したところ，工場の建物の帳簿価格は見直しが必要ではないかと言われました。当社では，工場の建物について減価償却費を計上しなかった年度もあり，帳簿価格が実態をあらわしていないことは認識しています。これを機に，過去の減価償却不足額を特別損失として計上し，帳簿価格を減額しようと思いますが，税務上何か留意する点はありますか。

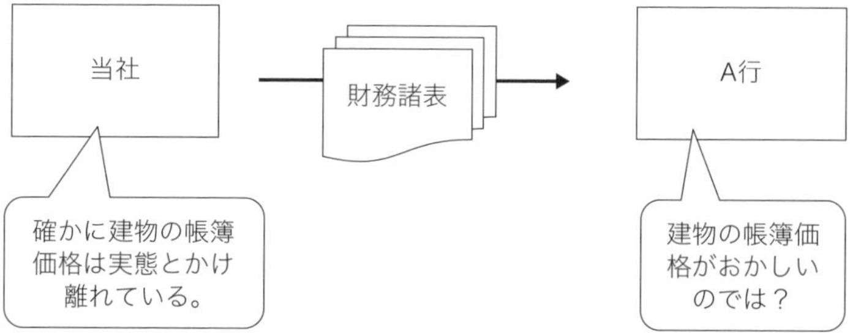

A

過年度の減価償却不足額を特別損失として計上し，帳簿価格を減額したとしても，今年度は税務上の減価償却限度額までしか損金の額に算入することはできません。

事業計画を作るにあたって，会社の実態を調べてみると，多額の減価償却不足額が発生していることがあります。なぜ，このような減価償却不足額が発生するかというと，当たり前ですが，決算時に適切な減価償却費を計上して来なかったためです。決算で赤字になりそうなときに減価償却費の計上を見送るこ

とがあるのです。減価償却費を計上するのは決算のときですから，大体どの程度の利益（または損失）になりそうかを見ながら，減価償却費の計上をするわけです。もし減価償却費を計上しなかったとしても，その分の経費計上が翌年以降に繰り越されるだけで，経営者としては，来年以降で利益が出たときに計上すれば，丁度よいのではないかと考えてしまうわけです。

でも，なぜそのような処理がなされてしまうのでしょうか。ここで，減価償却費の計上に関する法人税法の規定を見てみましょう。法人税法の条文は以下のようになっています。

（減価償却資産の償却費の計算及びその償却の方法）

第31条　内国法人の各事業年度終了の時において有する減価償却資産につきその償却費として第22条第三項（各事業年度の損金の額に算入する金額）の規定により当該事業年度の所得の金額の計算上損金の額に算入する金額は，その内国法人が当該事業年度においてその償却費として損金経理をした金額（以下この条において「損金経理額」という。）のうち，その取得をした日及びその種類の区分に応じ，償却費が毎年同一となる償却の方法，償却費が毎年一定の割合で逓減する償却の方法その他の政令で定める償却の方法の中からその内国法人が当該資産について選定した償却の方法（償却の方法を選定しなかつた場合には，償却の方法のうち政令で定める方法）に基づき政令で定めるところにより計算した金額（次項において「償却限度額」という。）に達するまでの金額とする。

2以下略

この条文を見ると，損金となる減価償却費は，下の図の①のように，会社が減価償却費として計上した金額のうち，償却限度額に達するまでの金額とされています。

したがって，本設問の場合でいうと，②のように減価償却不足額を特別損失として計上しても，今年１年分の減価償却限度額までしか損金として認められないということになります。つまり，法人税法が予定しているのは，多額の減

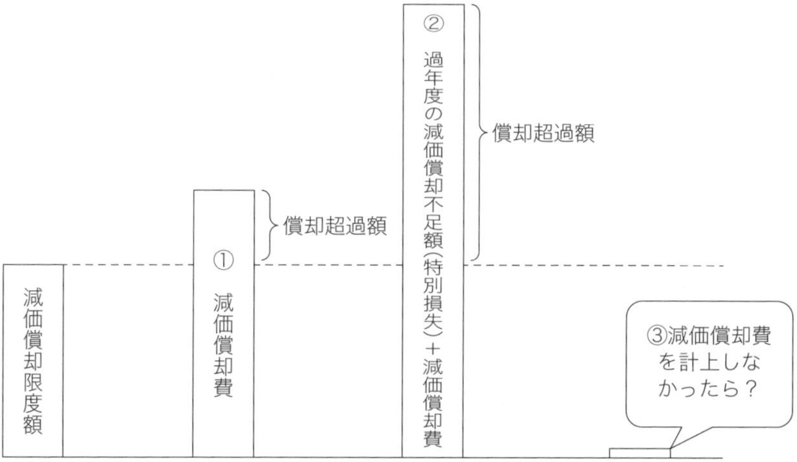

価償却費を計上しても，１年間の限度額は決まっているのでそれ以上は損金になりませんよ，ということです。ここはよく理解しておく必要があります。

しかし，これを反対側から見ると，③のように償却限度額の規定があるだけなので，それを下回っているのであれば，法人税法上は特に問題はないと読めるということになります。これが，よく言われるような「減価償却費を計上しないことを法人税法は認めている」，「減価償却不足額が出てもおかしくない」という主張につながっています。

しかし本当に限度額以下だからといって，減価償却費を計上しない処理は法人税法で認められているのでしょうか。法人税法の条文で以下のようなものがあります。特に第４項を見てください。

> 第22条　内国法人の各事業年度の所得の金額は，当該事業年度の益金の額から当該事業年度の損金の額を控除した金額とする。
>
> 2　内国法人の各事業年度の所得の金額の計算上当該事業年度の益金の額に算入すべき金額は，別段の定めがあるものを除き，資産の販売，有償又は無償による資産の譲渡又は役務の提供，無償による資産の譲受けその他の取引で資本等取引以外のものに係る当該事業年度の収益の額

とする。

3　内国法人の各事業年度の所得の金額の計算上当該事業年度の損金の額に算入すべき金額は，別段の定めがあるものを除き，次に掲げる額とする。

一　当該事業年度の収益に係る売上原価，完成工事原価その他これらに準ずる原価の額

二　前号に掲げるもののほか，当該事業年度の販売費，一般管理費その他の費用（償却費以外の費用で当該事業年度終了の日までに債務の確定しないものを除く。）の額

三　当該事業年度の損失の額で資本等取引以外の取引に係るもの

4　第２項に規定する当該事業年度の収益の額及び前項各号に掲げる額は，別段の定めがあるものを除き，一般に公正妥当と認められる会計処理の基準に従つて計算されるものとする。

5　第２項又は第３項に規定する資本等取引とは，法人の資本金等の額の増加又は減少を生ずる取引並びに法人が行う利益又は剰余金の分配（資産の流動化に関する法律第115条第１項（中間配当）に規定する金銭の分配を含む。）及び残余財産の分配又は引渡しをいう。

第４項では，収益や費用の額は「一般に公正妥当と認められる会計処理の基準に従って計算されるものとする」とあります。そもそも法人税では，企業会計の基準に従って計算された利益（または損失）に，法人税法のルールを適用して調整し，課税所得を計算します。企業会計のルールでは，減価償却費を計上しないという選択肢はありませんから，ルールに従っていれば，法人税の計算をするうえで減価償却費が計上されないということは起こり得ないのです。

では，ここで「なぜ経営者はそうまでして利益を出すことにこだわるのか」ということについて考えてみましょう。実は，そもそもの問題は，利益の出ている決算書を出さないと取引金融機関が融資を継続してくれないのではないかと経営者などが考えていることにあります。しかし，本当にそうでしょうか。以下の資料を見てください。

2．平常時における中小企業等の在り方に関する質問
⑺　中小企業が「正確な決算」と「誠実な対応（情報開示）」を行うよう努めた場合，金融機関として企業に対してどのようなインセンティブが検討できるか。

属性	回答数	①	②	③	④	⑤	⑥	⑦
		当然のことでメリットを与える必要はない	一定の条件付きで経営者保証GLの有資格者として扱う	粉飾等が悪質でなく，私的整理手続きが検討可能であれば回収活動を控える	経営支援を積極的に行う	資金繰り支援を検討する	事業再生に際し，前向きに検討する	その他
金融機関・信用保証協会	416	111	107	76	262	164	200	7
税理士	46	8	15	14	19	25	19	0
公認会計士	9	1	2	1	5	4	5	0
弁護士	9	0	5	5	7	3	6	0
コンサルタント	20	2	9	7	11	11	12	1
その他	9	2	4	4	5	4	5	0
計	509	124	142	107	309	211	247	8

（事業再生研究機構編「中小企業等の健全な経営に関する新しいガイドラインの課題と展望」商事法務133頁）

これは，事業再生研究機構という組織が2019年５月に主催したシンポジウムにて公表された資料の一部です。この資料は，中小企業の経営の在り方について，全国の金融機関や信用保証協会，税理士などの士業にアンケート調査が行われ，その結果をまとめたものでした。そのアンケートの中に，中小企業が「正確な決算」と「誠実な対応（情報開示）」を行った場合に，金融機関としてどう考えるかというものがありました。中小企業の粉飾決算が問題とされている中で，中小企業と金融機関の関係はどうあるべきかということが大きなテーマとなっていました。回答をよく見てほしいのですが，実に262（63％）の金融機関と信用保証協会が「経営支援を積極的に行う」としています。また，200（48％）の金融機関等は事業再生に際し，前向きに検討すると答え，164（39％）の金融機関等が資金繰り支援を検討するとしています。これを見ると，粉飾してでも利益の出ている決算書を提出するという時代ではなくなってきて

いるように感じませんか。

このように考えている金融機関等の担当者に「利益を出す必要があるから減価償却費は計上しない」と説明することは経営者として適切な判断だといえるのでしょうか。毎期決算の内容を取引金融機関に報告し，赤字であるならば，その原因と経営改善に向けてどのようなことを考えているのかを説明するという，当たり前のことを始めなければなりません。取引金融機関や顧問税理士などの協力を得て，事業がうまくいっていない原因を調べ，その解決策を考えるという経営者としては当たり前のことを行う必要があるということです。

最後に，申告書をチェックする側が減価償却不足額を別表にて確認する方法を見てみましょう。法人税の申告書の中にある，別表16(1)「旧定額法又は定額法による減価償却資産の償却額の計算に関する明細書」を見てください。

丸で囲ったところに「償却不足額　36」とあります。これは，償却限度額から当期の償却額の差し引いた金額，つまり当期の償却不足額が入ります。ここに数字が入っていれば減価償却不足額があるということになります。留意点としては，あくまでもこれは1年分だということです。定額法の場合は，毎年の減価償却費の額は一定ですから，1年分の減価償却費がわかれば，どの程度償却不足がありそうなのかは，簡単に計算することができます。定率法の場合でも，別表16(2)「旧定率法又は定率法による減価償却資産の償却額の計算に関する明細書」を見ると同様の表記があります。しかし，定率法の計算は若干複雑で，なかなか簡単に償却不足額を算出することはできませんが，減価償却不足額があるのかないのか目安にはなると思います。今度じっくりと眺めてみてください。

別表十六(一)　令二・四・一以後終了事業年度又は連結事業年度分

① 旧定額法又は定額法による減価償却資産の償却額の計算に関する明細書

事業年度又は連結事業年度	・　・ ・　・	法人名	（　　　）

区分	項目	番号					
資産区分	種類	1					
	構造	2					
	細目	3					
	取得年月日	4	・　・	・　・	・　・	・　・	・　・
	事業の用に供した年月	5					
	耐用年数	6	年	年	年	年	年
取得価額	取得価額又は製作価額	7	外　円	外　円	外　円	外　円	外　円
	圧縮記帳による積立金計上額	8					
	差引取得価額 (7)−(8)	9					
帳簿価額	償却額計算の対象となる期末現在の帳簿記載金額	10					
	期末現在の積立金の額	11					
	積立金の期中取崩額	12					
	差引帳簿記載金額 (10)−(11)−(12)	13	外△	外△	外△	外△	外△
	損金に計上した当期償却額	14					
	前期から繰り越した償却超過額	15	外	外	外	外	外
	合計 (13)＋(14)＋(15)	16					
当期分の普通償却限度額等	平成19年3月31日以前取得分　残存価額	17					
	平成19年3月31日以前取得分　差引取得価額×5％ $(9)\times\frac{5}{100}$	18					
	平成19年3月31日以前取得分　(16)＞(18)の場合　旧定額法の償却額計算の基礎となる金額 (9)−(17)	19					
	平成19年3月31日以前取得分　(16)＞(18)の場合　旧定額法の償却率	20					
	平成19年3月31日以前取得分　(16)＞(18)の場合　算出償却額 (19)×(20)	21	円	円	円	円	円
	平成19年3月31日以前取得分　(16)＞(18)の場合　増加償却額 (21)×割増率	22	（　）	（　）	（　）	（　）	（　）
	平成19年3月31日以前取得分　(16)＞(18)の場合　計 ((21)＋(22))又は((16)−(18))	23					
	平成19年3月31日以前取得分　(16)≦(18)の場合　算出償却額 $((18)-1円)\times\frac{}{60}$	24					
	平成19年4月1日以後取得分　定額法の償却額計算の基礎となる金額 (9)	25					
	平成19年4月1日以後取得分　定額法の償却率	26					
	平成19年4月1日以後取得分　算出償却額 (25)×(26)	27	円	円	円	円	円
	平成19年4月1日以後取得分　増加償却額 (27)×割増率	28	（　）	（　）	（　）	（　）	（　）
	平成19年4月1日以後取得分　計 (27)＋(28)	29					
当期分の償却限度額	当期分の普通償却限度額等 (23)、(24)又は(29)	30					
	特別償却又は割増償却による特別償却限度額　租税特別措置法適用条項	31	条　項 （　）	条　項 （　）	条　項 （　）	条　項 （　）	条　項 （　）
	特別償却又は割増償却による特別償却限度額　特別償却限度額	32	外　円	外　円	外　円	外　円	外　円
	前期から繰り越した特別償却不足額又は合併等特別償却不足額	33					
	合計 (30)＋(32)＋(33)	34					
当期償却額		35					
差引	償却不足額 (34)−(35)	36					
	償却超過額 (35)−(34)	37					
償却超過額	前期からの繰越額	38	外	外	外	外	外
	当期損金認容額　償却不足によるもの	39					
	当期損金認容額　積立金取崩しによるもの	40					
	差引合計翌期への繰越額 (37)＋(38)−(39)−(40)	41					
特別償却不足額	翌期に繰り越すべき特別償却不足額 (((36)−(39))と((32)＋(33))のうち少ない金額)	42					
	当期において切り捨てる特別償却不足額又は合併等特別償却不足額	43					
	差引翌期への繰越額 (42)−(43)	44					
	翌期への繰越額の内訳　・　・ ・　・	45					
	翌期への繰越額の内訳　当期分不足額	46					
適格組織再編成により引き継ぐべき合併等特別償却不足額 (((36)−(39))と(32)のうち少ない金額)		47					

備考

御注意

1　この表には、減価償却資産の耐用年数、種類等及び償却方法の異なるごとにまとめて別行にして、その合計額を記載できますが、(1)当期の中途で事業の用に供した資産又は資本的支出、(2)措置法又は震災特例法による特別償却の規定の適用を受ける資産については、他の資産と区別して別行にして、記載してください。なお、(1)の資産（(2)の資産に該当するものを除きます。）の「34」欄の金額については、耐用年数、種類等及び償却方法を同じくする他の資産の金額と通算して「36」欄及び「37」欄の金額を記載できます。

2　措置法又は震災特例法による特別償却の規定の適用を受ける場合には、「特別償却限度額の計算に関する付表」を添付してください。

Q3　不良在庫を処理したい

　当社は資金繰りが厳しくなってきたため，事業計画を作成し，取引金融機関に返済期限の延長（リスケジュール）をお願いしようと思います。取引金融機関からは，この際だから不良資産の処理もしっかり行うように言われており，当社では，過年度から計上されたままになっている不良在庫の処理を検討中です。当社が作成する事業計画において，税務上注意すべき点はありますか。

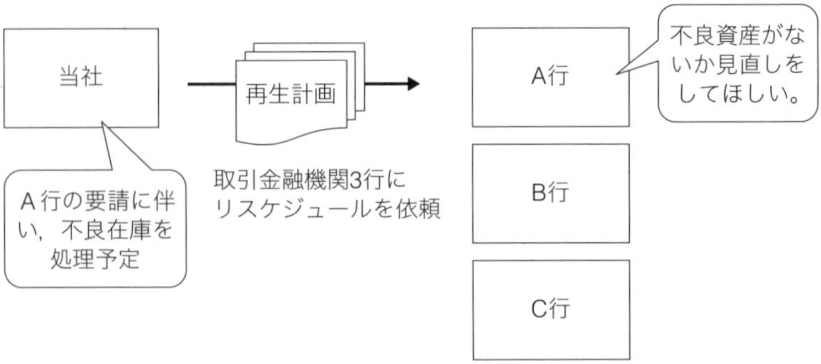

A

　金融機関返済期限の延長を要請しても通常は税務上の問題は発生しません。ただ，決算書に計上されている不良在庫の処理については，仮装経理の問題などもあり，税務上の取扱いは注意が必要です。

　資金繰りが厳しくなった場合，取引金融機関に対して一時的な元金返済猶予や，月々の返済額の減額などといったリスケジュールを要請することがあります。リスケジュールというのは，実に一般的な支援であり，中小企業再生支援

協議会の関与した事業再生計画でも，リスケジュールによる支援の件数が最も多くなっています。中小企業庁の「中小企業再生支援協議会の活動状況について（令和３年６月）」では，再生計画策定完了案件の金融手法別割合として全体の87.6％が金融機関による条件変更（リスケジュール）であるとされています。

金融支援	累積		今回公表分	
	企業数	割合	企業数	割合
債務免除の実施	1409	9.0%	25	17.5%
・直接放棄	357	2.3%	3	2.1%
・譲渡・分割による第二会社方式	1052	6.7%	22	15.4%
金融機関、取引先からの借入金の株式化（DES）	78	0.5%	0	0.0%
金融機関による借入金の資本的劣後ローン（DDS）	448	2.9%	3	2.1%
協議会版資本的借入金	565	3.6%	5	3.5%
金融機関による条件変更（リスケジュール）	13,661	87.6%	117	81.8%
平成17年税制改正適用	38	0.2%	0	0.0%
RCCや債権管理会社からの卒業	190	1.2%	0	0.0%
ファンド活用	395	2.5%	6	4.2%
※完了案件総数	15,591		143	

（注）上記手法を複数実施している案件がある。

状況が悪化してしまう前に，まずはリスケジュールにより資金繰りを安定させて，事業の改善に取り組むということが中小企業の事業再生や経営改善の基本といえるでしょう。リスケジュールによる支援の場合は，金融機関が債権を放棄するというようなことではありませんから，基本的に税務上の問題は発生しません。

本設問の場合，問題は在庫の処理の方です。事業再生が必要な企業はそのほとんどが在庫に何らかの問題を抱えているといっても過言ではないでしょう。滞留在庫の処理をしたいというときにまず思いつくのは評価損の計上です。売れ残っているということは，価値が下がっているということですから，評価損を計上できるはずだと考えるわけです。法人税基本通達でも評価損が計上できる場合の例示がされています。

（棚卸資産の著しい陳腐化の例示）

9－1－4　令第68条第１項第１号ロ《評価損の計上ができる著しい陳腐化》に規定する「当該資産が著しく陳腐化したこと」とは，棚卸資産そのものには物質的な欠陥がないにもかかわらず経済的な環境の変化に伴ってその価値が著しく減少し，その価額が今後回復しないと認められる状態にあることをいうのであるから，例えば商品について次のような事実が生じた場合がこれに該当する。

⑴　いわゆる季節商品で売れ残ったものについて，今後通常の価額では販売することができないことが既往の実績その他の事情に照らして明らかであること。

⑵　当該商品と用途の面ではおおむね同様のものであるが，型式，性能，品質等が著しく異なる新製品が発売されたことにより，当該商品につき今後通常の方法により販売することができないようになったこと。

この通達にある例示を読むと，「ああ，これなら評価損を計上できそうだ」と思うかもしれませんが，実務では評価損の計上というのはあまり見かけません。例えば⑴ですが，「既往の実績～に照らし明らかである」とあります。これは，毎期毎期売れ残った商品のバーゲンセールを行っていて記録がしっかり残っているから，今年売れ残っている商品は，このくらいで売れるということが説明できるということを指しています。大企業であれば当たり前かもしれませんが中小企業では，なかなかここまでしっかりと管理されていることはありません。いくらで評価すればいいのか目安がないので，評価損の計上は躊躇してしまうのが現実です。鑑定評価を取ることも考えられますが，コスト面を考えるとなかなかそこまではできません。

したがって，現実には何とかして実際に売ってしまいましょう，ということになります。値段は安くてもよいと考えれば，売れれば評価の問題はなくなりますし，実際に現金も入りますので，資金繰りも楽になってきます。

しかし，そもそも売れ残りですから，長期間滞留していたものなどもあり，値段を下げたところでそう簡単に売れないことも多くあります。その場合に確実な方法として，廃棄するという方法があります。廃棄業者に頼んで廃棄してもらい，その廃棄をしたことの証明をもらうのです。これで，後日の税務調査に備えることになります。在庫を保有していると，その金額の２割相当額のコストがかかるなどともいわれていますので，思い切って廃棄をするほうがよいかもしれません。

厄介なのは，帳簿上は計上してあるけれど，現物がない場合です。在庫の管理が不十分なときにこのようなことが起こります。以前お会いした経営者の中に，取引先からの急な要請に対応するために，ありとあらゆる在庫を保有していないと不安だという方がいました。部品の在庫だったのですが，すぐに対応できないと取引を打ち切られてしまうのではないかと考えたようで，実に多種多量の在庫を保有していました。種類が多すぎて，管理不能となっていたので，計画策定の機会に実際棚卸しをしてみたら，帳簿の内容とはまったく異なっていることがわかりました。このような例を見ると，在庫の問題は単に管理すればよいということではなく，まさに事業の根幹に関わる問題と言ってもよいのではないでしょうか。在庫を抱えるということはそれだけ資金が必要になるということを意味します。金融機関からの借入れでその資金を賄っているということであれば，金利もかかるし，元金もいずれ返済しなければなりません。しかし，在庫が不良化してしまい，売れなくなってしまうと返済資金に困ることになります。そうなると，資金調達自体が難しくなってしまうので，今度はスムーズに商品を仕入れることが難しくなり，事業のき損につながってしまうのです。在庫の動きについて考えることは，その企業の事業を見ることに等しいと思います。

在庫が多くなってしまっている企業というのは決して少なくありません。もちろん一定量の在庫がないと商売ができないということはわかります。また，どの程度が適正在庫なのかというところは，業種にもよりますし，正解はないのかもしれません。事業再生の実務では，おおむね年商の１か月分を目安にしていました。そして，それを超える部分は一旦不良在庫として考えて，その企業の財務のバランスを考えていました。利益は出ているけれど資金繰りが苦しい会社があったら，財務諸表を見て在庫が年商の何か月分あるかを見てみるとよいと思います。単純な方法ですが，意外と効果があります。ぜひ試してみてください。

最後に，最も問題のある，利益調整のため仮装経理を行って架空の在庫を計上していたケースを考えてみます。在庫を架空計上すると，その分利益が嵩上げされます。その分だけ売上原価が減ってしまうからです。

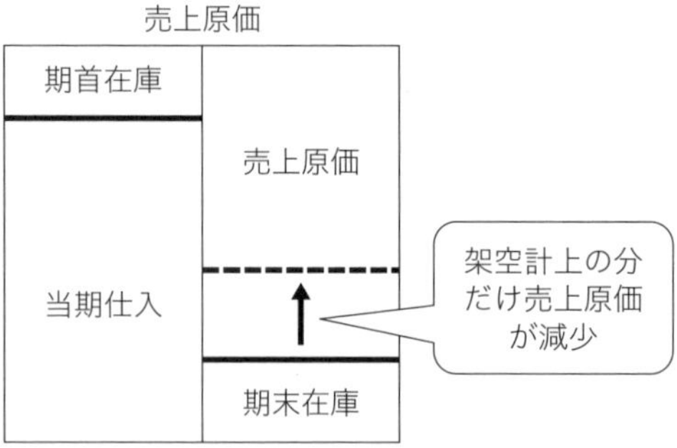

税務上の規定としては，仮装経理に基づく法人税の還付を受けるという手続きがあります。ただし，還付を受けるためには，仮装経理の内容につき一定の調査を受けることになると思います。また，仮装経理の事実について認められたとしても，原則として，直ちに全額が還付されるわけではありません。直近の１年分だけが還付の対象となって，それ以外は今後５年間の法人税額から控除することを認めるという規定になっているのです。自分たちの都合で粉飾決算をした結果ですから，仕方がないとは思います。

しかし，税務問題に限らず在庫の架空計上をしてしまうと，その後が大変です。期末に架空計上した在庫は，そのまま翌期首の在庫残高として，売上原価を構成しますから，翌年も赤字であったりするとさらに架空計上額を増やさなければならなくなるわけです。ひどいところでは，年商と同程度の在庫が計上されている例も目にしたことがあります。

どれだけ在庫が増えて資金繰りが厳しくなってきても，損益には直接影響しないため，問題に気が付きにくくなってしまうのです。在庫の残高を見て，年商の１か月分を超えていたら，「あれっ」と思い，在庫の状況について経営者に確認してみるということをぜひ心がけてください。

Q4 貸倒損失を計上して課税を回避できるか

事業計画を作成したところ，経営改善によって今後5年間で500くらいの利益を出せることになりそうです。そこで，回収が難しくなっている売掛金や貸付金を貸倒損失として処理して，税金の負担が発生しないようにしようと思っています。顧問税理士からは，そのような処理は税務リスクがあるかもしれないと言われていますが，どのように判断したらよいでしょうか。

A

法人税法上の貸倒損失の要件に合致するかを確認する必要があります。取引先が法的に整理されているわけではない場合には，まずは決算書を取り寄せるなどして取引先の状況を確認することが必要です。

当たり前ですが，事業計画を作成する際には，相応の利益が出る計画を目指します。この場合の利益というのは，営業利益を指すことが多いと思います。これは，営業利益こそが本業で得られた利益であって，経営が改善したというには，営業利益の段階で黒字になることが必須であるためです。

営業利益段階でしっかりと利益が出る見込みが立ったとすると，次に気になるのは法人税等の金額です。利益の額に応じて納税額も大きくなってきますし，税引後の利益でしか債務超過は解消できませんから，法人税額等の金額は計画全体に影響することになります。そこで，タックスプランが重要になってくるわけです。**Q1**にてタックスプランの基本は青色欠損金だと伝えましたが，不良債権の処理もタックスプランを考えるうえで，重要な項目になります。長い間赤字が続いていた企業ほど，不良債権は溜まっています。債権の回収がままならなかったので窮境に陥っていたという場合もありますし，利益が出ていないから回収の難しい債権の処理もできなかったということもあるでしょう。本当はそのようなことではいけないのですが，経営改善計画を立てて利益がしっかりと出るようになってきてから，はじめて不良債権の処理に目が向くようになってくるものです。このように回収が難しくなった債権などを処理する際に注意が必要なのは，税務上どのような取扱いになるのでしょうか。ここからは，不良債権の処理に絞って税務上の取扱いを確認していきましょう。

取引先が法的整理される場合は，その状況によって，貸倒引当金の繰入や貸倒損失の計上を検討することになります。金銭債権について一定の事実が生じている場合には，債権額の50％まで貸倒引当金の設定ができるとして，法人税法施行令には以下のように規定されています。

（貸倒引当金勘定への繰入限度額）
第96条　法第52条第１項（貸倒引当金）に規定する政令で定める事実は，次の各号に掲げる事実とし，同項に規定する政令で定めるところにより計算した金額は，当該各号に掲げる事実の区分に応じ当該各号に定める金額とする。
一　略
二　略
三　当該内国法人が当該事業年度終了の時において有する金銭債権に係る債務者につき次に掲げる事由が生じていること（当該金銭債権につき，第１号に掲げる事実が生じている場合及び前号に掲げる事実が生

き，第１号に掲げる事実が生じている場合及び前号に掲げる事実が生じていることにより法第52条第１項の規定の適用を受けた場合を除く。）当該金銭債権の額（当該金銭債権の額のうち，当該債務者から受け入れた金額があるため実質的に債権とみられない部分の金額及び担保権の実行，金融機関又は保証機関による保証債務の履行その他により取立て等の見込みがあると認められる部分の金額を除く。）の100分の50に相当する金額

イ　更生手続開始の申立て

ロ　再生手続開始の申立て

ハ　破産手続開始の申立て

ニ　特別清算開始の申立て

ホ　イからニまでに掲げる事由に準ずるものとして財務省令で定める事由

また，貸倒損失のうち，法的整理に係る取扱いは，法人税基本通達９－６－１に示されています。

（金銭債権の全部又は一部の切捨てをした場合の貸倒れ）

９－６－１　法人の有する金銭債権について次に掲げる事実が発生した場合には，その金銭債権の額のうち次に掲げる金額は，その事実の発生した日の属する事業年度において貸倒れとして損金の額に算入する。

⑴　更生計画認可の決定又は再生計画認可の決定があった場合において，これらの決定により切り捨てられることとなった部分の金額

⑵　特別清算に係る協定の認可の決定があった場合において，この決定により切り捨てられることとなった部分の金額

以下略

例えば，売掛金が残っている取引先が，民事再生の手続きに入ったとすると，まず再生手続きの申立ての段階で，債権額の50％の貸倒引当金の繰入れを検討することになります。その後，再生計画が認可決定に至った場合には，上記の通達のとおり，その計画上切り捨てられることになった金額が貸倒損失とし

て計上されます。計画の中で，弁済を猶予されたり，賦払いによって弁済されることとなった金額について，さらに貸倒引当金を繰り入れる場合もありますが，基本的にはこの時点で不良債権の処理は完了します。

取引先が破産した場合はどうでしょうか。破産の場合であっても，まずは，手続き開始の申立て時点で50％の貸倒引当金が設定でき，手続きが終了したところで，回収不能額が貸倒損失となると考えられます。破産については，法人税基本通達９－６－１に明記されているわけではありませんが，破産の手続きが終わったときには登記も閉鎖され会社がなくなってしまいますから，遅くともその時点で貸倒損失として処理することになると思います。

また，仮に法的整理には至っていないものの，債権者会議などが行われ合理的な基準により債務整理が行われているような場合であれば，法的整理に準じた処理ができることとされています。

ここまではよいのですが，問題は，取引先と連絡がつかなくなってしまった場合とか，今ちょっと苦しいとか言われ何か月も待たされているような場合だと思います。法的整理には至っていないもののおそらく回収できないと考えられるような場合も多いと思いますが，このようなときはどう判断すればよいのでしょうか。次の通達を見てください。

（回収不能の金銭債権の貸倒れ）

９－６－２　法人の有する金銭債権につき，その債務者の資産状況，支払能力等からみてその全額が回収できないことが明らかになった場合には，その明らかになった事業年度において貸倒れとして損金経理をすることができる。この場合において，当該金銭債権について担保物があるときは，その担保物を処分した後でなければ貸倒れとして損金経理をすることはできないものとする。

取引先も苦しいようだから，この通達にあてはまりそうだなと感じた場合も注意が必要です。まず，一行目に「その債務者の資産状況，支払能力等からみて」とあります。つまり，まずは取引先の決算書などを取り寄せて，その取引先の資産状況や支払能力を把握することから始めなければならないということになります。また，その後の部分では「全額が回収できないことが明らかになった」とあります。これは，一部でも回収可能性があれば，貸倒れの処理は認められないということを意味しています。また，「その明らかになった事業年度において」とありますので，計上できる事業年度も基本的には限られてしまうということになります。そのようにして，この通達の内容を見ると，法的整理に入っていない取引先だとすると貸倒れとするのは相当難しいと感じるのではないでしょうか。法人税法は「恣意的な利益操作」ができないような作りになっていますから，自然と厳し目な判断基準になると理解しましょう。

それでも，取引先に対する債権が売掛金だったときは，次の通達にあてはめて，形式的に処理できるかどうか検討することになります。

（一定期間取引停止後弁済がない場合等の貸倒れ）

9－6－3　債務者について次に掲げる事実が発生した場合には，その債務者に対して有する売掛債権（売掛金，未収請負金その他これらに準ずる債権をいい，貸付金その他これに準ずる債権を含まない。以下9－6－3において同じ。）について法人が当該売掛債権の額から備忘価額を控除した残額を貸倒れとして損金経理をしたときは，これを認める。

⑴　債務者との取引を停止した時（最後の弁済期又は最後の弁済の時が当該停止をした時以後である場合には，これらのうち最も遅い時）以後１年以上経過した場合（当該売掛債権について担保物のある場合を除く。）

⑵　略

（注）⑴の取引の停止は，継続的な取引を行っていた債務者につきその資産状況，支払能力等が悪化したためその後の取引を停止するに至った場合をいうのであるから，例えば不動産取引のようにたまたま取引を行った債務者に対して有する当該取引に係る売掛債権については，この取扱いの適用はない。

この通達では，継続的に発生している売掛債権の場合には，取引停止後１年以上立ったところで，備忘価格を残して，貸倒処理をしてもよいとされています。「債務者につきその資産状況，支払能力等が悪化したためその後の取引を停止するに至った」という部分の確認は必要ですが，こちらの通達にあてはめて貸倒処理するというのが現実的だと思います。

売掛金などが残っている取引先の状況は様々だと思いますが，特に法人税基本通達９－６－２によって貸倒損失を計上しようとするのであれば，通達にある要件を満たしているのか，慎重な判断が必要です。

Q5　滞納問題を解決しよう

当社では，メインバンクから事業計画を作成してはどうかと提案されたこともあり，コンサルタントと一緒に計画作りをはじめたところです。ところが，コンサルタントからは，よく調べたところ当社には滞納している税金や社会保険料がかなりあるので，計画作成は非常に困難だと言われてしまいました。滞納税金があると計画作りは困難になるのでしょうか。

A

税金や社会保険料を多額に滞納していると計画作成は難しくなります。可能な限り早期に解消する方法を検討すべきでしょう。

窮境状況にある中小企業の場合，かなりの確率で税金や社会保険料などを滞納しています。資金繰りに窮しているため，支払わなければならないものが支払えなくなるわけですが，このときにどのような順番で支払いを止めるかということが重要になります。多くの場合，経営者は以下の順番で支払いを止めています。

① 税金や社会保険料

② 仕入先や外注先への支払い

③ 金融機関への返済

利益が出ていないからそもそも税金の心配はいらないのではないか，と思われるかもしれません。確かに資金繰りに困っているような会社であれば，法人税などの利益課税はあまり心配しなくても大丈夫でしょう。しかし，そのような企業であっても，預かり金の性格が強い消費税や源泉所得税等を滞納してしまい問題となります。特に消費税は税率が引き上げられたこともあり，資金繰りに与える影響は大きくなっています。それ以外にも資産を保有していることに対してかかる税，固定資産税も滞納が多い税金の代表です。特に製造業で大きな工場を持っていたり，宿泊業のホテルや旅館など，いわゆる装置産業を営んでいる場合に固定資産税の滞納が問題となります。社会保険料も近年保険料が段階的に引き上げられたり，保険の対象も広がったこともあって，従業員が多いスーパーなどの小売店では負担が増大しています。社会保険料は，毎月発生するので一度支払いが遅れてしまうとなかなか追いつくことが難しくなります。

はじめに，税金や社会保険料を支払わなくなる理由ははっきりしています。滞納当初における督促の程度が一番緩やかだからです。例えば金融機関への返済の場合だと，残高不足になっていれば，担当者から翌日には電話がきます。一方，税金や社会保険料の場合，2週間から1か月ほど経ってようやく督促する葉書や電話が来るようなケースが多いと思われます。経営者からすると，翌日電話が来るかもしれない金融機関への支払いよりも顔の見えない税金や社会保険料の支払いを止めてしまうのです。

この税金や社会保険料の存在を，私は「静かな兵（つわもの）」と呼んでいます。普段は，顔も見えず，督促も緩やかなのですが，いざというときには法律を駆使して強制的かつ優先して回収することが可能なのです。税金や社会保険料には法的に回収の優先権が与えられています。さらには，滞納税金の削減に向けた取組みも非常に活発になっています。次の図を見てください。これは国税の滞納税金の年度別の推移を表した図です。

■ 全税目の滞納整理中のものの額の推移

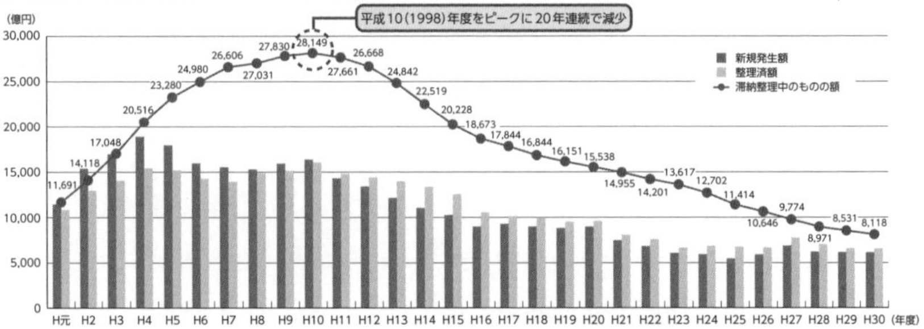

※1 実数値は、滞納整理中のものの額を示します。
※2 地方消費税を除いています。

滞納整理中のものの額は約８千億円と依然として高水準
➡ 今後も組織を挙げて滞納の未然防止と整理促進に取り組む方針

（国税庁レポート2020　41頁）

平成10年度を境にして，20年連続で滞納税金は一方的に減り続けています。徴収担当部署の努力の賜物であるとは思いますが，相応に厳しい対応がなされているのは容易に想像がつきます。

税金や社会保険料の次に止めるのが仕入先などへの支払いです。仕入先に対しては，自分たちがお客さんだという意識がありますから，少しくらい待ってもらえるだろうと考えるわけです。そして，それでもどうにもならなくなると，ようやく金融機関への返済ができないという話になるのです。したがって，金融機関への返済が苦しいと言ってくるときは，多くの場合，税金を止め，仕入先への支払いを待ってもらい，はじめて「実は」となっているのです。

経営者の考えではこの順番となりますが，これが事業再生の実務では，順番がそっくり逆になります。まずは取引金融機関へ返済の緩和を相談すべきなのです。金融機関は貸付けのプロですから，返済できなくなってしまうケースもたくさん見てきています。金融機関は，できるだけ早い段階で相談してもらい，一刻も早く事業改善に取り組んでほしいと考えています。また，金融機関には守秘義務がありますから，資金繰りが厳しいという情報が外に漏れる恐れはありません。きっと厳しい対応をされるはずだと考える人も多いと思いますが，それは，税金を滞納し，仕入先にも待ってもらい，もうにっちもさっちも行かなくなってから相談するために，そういう対応にならざるを得ないのだと思います。

次の仕入先への支払いも優先順位は上がります。なぜなら，仕入先には守秘義務がありませんから，支払いを待ってほしいなどというと，あの会社は資金的に苦しいようだという噂が一気に広がる可能性があるのです。また，当社にとっての買掛金（つまり仕入先にとっての売掛金）が溜まってくると，売掛金の回収を懸念した仕入先が当社との取引単価を引き上げてくることもあります。当社では，買掛金の支払いが溜まっていると負い目から取引単価の引き上げに応じざるを得なくなり，少ない利益がさらに減少して資金繰りを圧迫します。

そして最も優先すべきなのが，税金や社会保険料ということになります。優先債権であるということは先ほど説明しましたが，法律では，滞納税金の支払いは1年以内に行わなければならないということになっています。担保があればもう1年認めてもらえることもあるようですが，通常そのような局面にある企業に担保となるような資産はないと思うので，結局のところ，1年以内にすべて払うしかなくなります。ただし，滞納税金を支払うということは新たに発生している税金は完納しつつ，過去の滞納を整理していくということです。つまり，通常よりも多額の利益（キャッシュフロー）が出てこないととても支払いはできないのです。現実的には，徴収部門の窓口に相談に相談に行って，半年くらいの納付計画を立てて支払いをしていることが多いと思います。1年以内に完納できない多くの中小企業はこの方法により納税しているのではないでしょうか。現実的な対応といえると思いますが，高率の延滞税がかかり続けるこのような状況では，根本的な解決には至りません。滞納税金が残ったままでは，取引をしている金融機関に対して，当社の事業継続に懸念はありませんという説明が難しいのです。

なお，税金や社会保険料が私的整理の中で整理されるということはありません。つまり，金融機関のように，私的な話し合いの中で金額の減額に応じてもらうことはできないということです。私的整理ができないということは，法的整理により整理をする以外ないということになります。多額の滞納税金がある中小企業は，その多くは，法的整理の中でも破産により整理することになると思います。

では，滞納税金を解消する方法としてはどのようなものがあるでしょう。1つには金融機関への支払いを止めて出てくるキャッシュフローを優先的に税金の支払いにあてていく方法が考えられます。中小企業再生支援協議会で行われている「協議会版暫定リスケ」計画により滞納税金の解消を図るケースを見てみましょう。協議会版暫定リスケとは，事業の磨き上げに注力する期間（最大3年間）を確保するために，金融機関の協力の下，暫定的にリスケジュールをしてもらう計画をいいます。暫定リスケの運用として，滞納税金があって事業再生計画を作りにくい中小企業に対して，まず暫定リスケ計画を立てて，滞納税金の処理を優先的に行うというケースが多くなっています。次の表を見てください。

税金・社会保険料の滞納解消調査結果

（単位：百万円，件）

	平成27年度	平成28年度	平成29年度	平成30年度
暫定リスケ	1,658	1,162	1,645	1,421
リスケ	1,021	1,012	527	514
DDS	341	285	71	229
債権放棄	610	905	1,250	213
合計	3,630	3,364	3,493	2,377
滞納解消件数（件）	223	179	183	197

（藤原敬三　実践的中小企業再生論（第3版）きんざい275頁）

これは，中小企業再生支援協議会が計画策定支援により，滞納税金の整理をしている金額を紹介したものです。毎年毎年，非常に多い件数と金額です。中小企業再生支援協議会では，特に暫定リスケ計画の中で，金融機関への返済に優先して滞納税金などを処理しているということがわかると思います。滞納税金等をなくし，差し押さえを受ける可能性を排除してはじめて，本格的な再生計画作りができるようになります。事業継続のために取引金融機関は滞納税金の処理に積極的に協力している結果だといってもよいでしょう。

いずれにしても，滞納税金があっては事業再生を図ることは非常に困難であることに変わりはありません。したがって，まずやるべきは，なんとかして滞納税金を解消することにあります。資金繰りを安定させ，事業継続を確実なものにするためにもあらゆる手段を使って滞納税金の処理を進めるべきでしょう。

また，金融機関のみなさんにもお願いです。このように借入金の返済が続いていても税金を滞納している例は多々あります。税金を滞納していると，原則として法律の規定通りの手続きがされるだけで，なかなか柔軟な対応というのは期待できません。滞納税金の問題は，早期の対応が重要です。取引先の中に税金などを滞納している企業がないか目を光らせ，万が一滞納している企業があったら，早期に解消できるようぜひ指導してください。

第2章

直接放棄と税務

Q6　債権放棄は寄附の対象か？

　当社は中小企業ですが，外部環境の変化に対応できず，大幅な債務超過かつ過剰債務の状況に陥ってしまいました。この度，再生支援協議会の支援を受けながら，取引金融機関に債権放棄を依頼する再生計画を策定しました。取引金融機関からは,「債権放棄した金額が寄附金課税の対象となってしまうのではないか」という問い合わせが来ていますが，債権放棄の依頼に対して，なぜ寄附金の心配をしているのでしょうか。また，何か問題を解決する方法はありませんか。

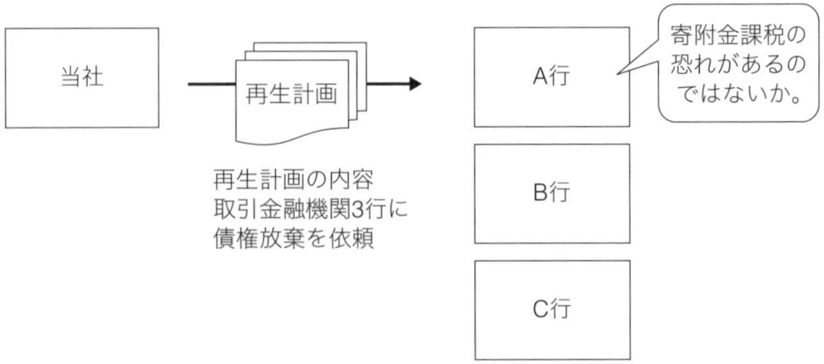

A

　金融機関など債権者による債権放棄は，法人税法では，損金とならない寄附金として扱われる可能性があるため，寄附金課税の心配をしているものと思われます。しかし，一定の要件を満たす合理的な再建計画を作成すれば，寄附金課税の問題は生じません。

　債権放棄の要請を受けた取引金融機関はなぜ寄附金課税の心配をしているの

でしょう。これを理解するためには，まず，寄附金課税の考え方について理解する必要があります。法人税法では，金融機関が取引先に債権放棄をした場合には，まずは，金融機関がその取引先に債権放棄相当額を寄附をしたと考えます。また，厄介なことに法人税法における寄附金は損金（いわゆる経費）として認められないのが原則となっています。寄附を自由に認めると利益操作が可能になってしまうため，法人税法では，損金となる寄附金は限定されているのです。一方で，金融機関からすると，債権放棄した金額が損金として認められないのであれば，そのような支援には応じられないという結論になるでしょう。したがって，債権放棄した金額が確実に損金として認められるような方法（例えば法的整理）などを要求しているものと思われます。これを私的整理でも実現しようとすると，寄附金課税の例外的な取扱いを示している以下の法人税基本通達が重要となってきます。

（子会社等を再建する場合の無利息貸付等）

9－4－2　法人がその子会社等に対して金銭の無償若しくは通常の利率よりも低い利率での貸付け又は債権放棄等（以下9－4－2において「無利息貸付け等」という。）をした場合において，その無利息貸付け等が例えば業績不振の子会社等の倒産を防止するためにやむを得ず行われるもので合理的な再建計画に基づくものである等その無利息貸付け等をしたことについて相当な理由があると認められるときは，その無利息貸付け等により供与する経済的利益の額は，寄附金の額に該当しないものとする。

（注）　合理的な再建計画かどうかについては，支援額の合理性，支援者による再建管理の有無，支援者の範囲の相当性及び支援割合の合理性等について，個々の事例に応じ，総合的に判断するのであるが，例えば，利害の対立する複数の支援者の合意により策定されたものと認められる再建計画は，原則として，合理的なものと取り扱う。

（作者注）　法人税基本通達9－4－1において，「子会社等には，当該法人と資本関係を有する者のほか，取引関係，人的関係，資金関係等において事業関連性を有する者が含まれる（以下9－4－2において同じ。）」とされています。

この通達自体，あまり目にすることはありませんし，内容も非常にわかりにくいと感じたのではないでしょうか。金融機関が取引先である中小企業に債権放棄する前提で，少しわかりやすい文章に書き換えてみましょう。

取引先の中小企業を再建する場合の債権放棄
金融機関がその取引先である中小企業に対して債権放棄をした場合において，その債権放棄が例えば業績不振の取引先である中小企業の倒産を防止するためにやむを得ず行われるもので合理的な再建計画に基づくものである等その債権放棄をしたことについて相当の理由があると認められるときは，その債権放棄により供与する経済的利益の額は，寄附金に額に該当しないものとする。

下線部分が書き換えた部分ですが，いかがでしょうか。とりあえず「合理的な再建計画」に基づく債権放棄であれば，寄附金課税の対象とならないようだということは理解してもらえたと思います。では，ここからは通達でいう「合理的な再建計画」の内容について見て行きましょう。この通達によると，合理的な再建計画かどうかは，①支援額の合理性，②支援者による債権管理の有無，③支援者の範囲の相当性，④支援割合の合理性等を基に「個々の事例に応じ，総合的に判断する」とされています。ここでは，要件と思われる表現が４つ出てきていますが，４つ目の支援割合の合理性には「等」とありますので，要件は４つではなさそうだと考えられます。また，そのあとの部分で「個々の事例に応じ，総合的に判断する」とあります。例として，「利害の対立する複数の支援者の合意」がある再建計画であれば，合理的なものとして扱うとはなっていますが，それだけで示されている要件をすべて満たしているとはいいにくいのではないということかと思います。では，どのように判断すればよいのでしょうか。国税庁のウェブサイトでは，合理的な再建計画についての質疑応答事例が示されていますので，こちらを見てみます。

合理的な整理計画又は再建計画とは

【照会要旨】

子会社等を整理又は再建する場合の損失負担等が経済合理性を有しているか否かはどのように検討するのでしょうか（合理的な整理計画又は再建計画とはどのようなものをいうのでしょうか。）。

【回答要旨】

子会社等を整理又は再建する場合の損失負担等については，その損失負担等に経済合理性がある場合には寄附金に該当しませんが，この経済合理性を有しているか否かの判断は，次のような点について，総合的に検討することとなります。

① 損失負担等を受ける者は，「子会社等」に該当するか。

② 子会社等は経営危機に陥っているか（倒産の危機にあるか）。

③ 損失負担等を行うことは相当か（支援者にとって相当な理由はあるか）。

④ 損失負担等の額（支援額）は合理的であるか（過剰支援になっていないか）。

⑤ 整理・再建管理はなされているか（その後の子会社等の立ち直り状況に応じて支援額を見直すこととされているか）。

⑥ 損失負担等をする支援者の範囲は相当であるか（特定の債権者等が意図的に加わっていないなどの恣意性がないか）。

⑦ 損失負担等の額の割合は合理的であるか（特定の債権者だけが不当に負担を重くし又は免れていないか）。

（注） 子会社等を整理する場合の損失負担等（法人税基本通達９－４－１）の経済合理性の判断の留意点

・ 上記②については，倒産の危機に至らないまでも経営成績が悪いなど，放置した場合には今後より大きな損失を蒙ることが社会通念上明らかであるかどうかを検討することになります。

・ 上記⑤については，子会社等の整理の場合には，一般的にその必要はありませんが，整理に長期間を要するときは，その整理計画の実施状況の管理を行うこととしているかどうかを検討することになります。

表題に「合理的な整理計画」とあるのは，1つ前の通達（法人税基本通達

9－4－1）が，会社をたたむ（整理をする）際の計画を念頭に置いて寄附金課税を検討する内容となっているため，そのための整理計画にも言及していますが，今回は考えなくてもよいでしょう。

この質疑応答事例を見ると，要件は4つではなく，少なくとも7つあるとわかります。さらに，この質疑応答事例には続きがあって，この7つの要件をさらに詳しく27の質疑応答事例で解説しています。そのうちの1つとして，取引先である中小企業が経営危機に陥っているかどうかの判断基準を示している質疑応答事例を見てみましょう。

経営危機に陥っていない子会社等に対する支援

【照会要旨】

経営危機に陥っていない子会社等に対して支援を行った場合，法人税法上どのように取り扱われるのでしょうか。

また，子会社等が経営危機に陥っているとは，どのような状況をいうのでしょうか。

【回答要旨】

経営危機に陥っていない子会社等に対する経済的利益の供与は，その利益供与について緊急性がなく，やむを得ず行うものとは認められませんから，寄附金に該当することとなります。

子会社等が経営危機に陥っている場合とは，一般的には，子会社等が債務超過の状態にあることなどから資金繰りが逼迫しているような場合が考えられます。

なお，債務超過等の状態にあっても子会社等が自力で再建することが可能であると認められる場合には，その支援は経済合理性を有していないものと考えられます。

子会社等の整理に当たり，整理損失が生じる子会社等は，一般的に実質債務超過にあるものと考えられます。

この質疑応答事例を見ると，取引先の中小企業が債務超過の状態にあり資金繰りが逼迫しているケースが想定されていることがわかります。事業再生の局面にある企業は，たいてい同様の状態にあると思いますが，あくまでも「一般的」な話であるとか「自力で再建することが可能であると認められる」場合は除かれるとされていることを考えると，なかなか判断は難しいように思います。他の質疑応答事例を見ても結局のところ最後は判断が必要となるので，通達に戻って，「個々の事例に応じ，総合的に判断する」ということが確認されたということになるのではないでしょうか。つまり，確実なことはいえないというの結論のようです（とはいえ，これらの質疑応答事例はぜひ残りのすべてにも目を通してください。事業再生に対する課税当局の考え方がとてもよく理解できると思います)。

では，実務ではどのようにしているのでしょうか。詳しくは**Q12**で解説していますが，実際には，事前に国税当局に対して照会し，その内容で寄附金課税の問題がないか確認をしています。債権者である金融機関はその結果をもって，支援に応じるか判断をするというような流れになっています。また，毎回照会をかけるのは大変なので，以下のような手続き自体で文書回答の得ている手続きにより計画を作成するケースも多くなっています。

なお，文書回答が示されている主な私的整理の手続きは以下のとおりです。

・中小企業再生支援協議会（「中小企業再生支援スキーム」を利用した場合)

・特定認証紛争解決手続

・株式会社地域経済活性化支援機構

・株式会社整理回収機構

こうした手続きは，その手続き自体につき国税照会がなされ，その手続きどおりであれば税務上の問題は発生しないと確認されています。したがって，これらの手続きに従って計画書が作成されていることが確認されれば，国税照会をしなくても寄附金課税の心配はないということになります。

なお，**Q11**で解説しますが，その場合，債権放棄を受ける債務者側に発生する債務免除益課税の対策も同時に行うことができます。良いことずくめのような話ですが，実際にどのように運用されているのか確認してみましょう。

これらの仕組みのうち，実績の公表が最も充実しているのは再生支援協議会に関するものだと思います。中小企業庁のウェブサイトでは，中小企業再生支援協議会の支援結果が公表されていますが，これを見てみると，債権放棄案件が1,384件あるうち，直接放棄案件が354件，第二会社方式が1,030件（中小企業庁中小企業再生支援協議会の活動状況について～令和２年度第３四半期～）となっています。

つまり，中小企業再生支援協議会の支援結果を見ると，中小企業の事業再生のうち，債権放棄が行われる場合は，直接放棄ではなく，第二会社方式が標準的な支援方法になっているといってよいと思われます。文書回答が示されている手続きを行えば寄附金課税の心配はいらないはずですが，現実的には，直接放棄ではなく第二会社方式が選択されているということのようです。この理由については，後ほどQ11で見ていくことにしましょう。

Q7 金融支援額はどのようにして決めるのか

事業再生計画を作成しています。合理的な再建計画を策定するには，どのように金融支援額を決めればよいのでしょうか。税務当局からは，合理的な損失負担（支援）額になっているかどうかが問われると聞いていますが，何か注意する点はありますか。

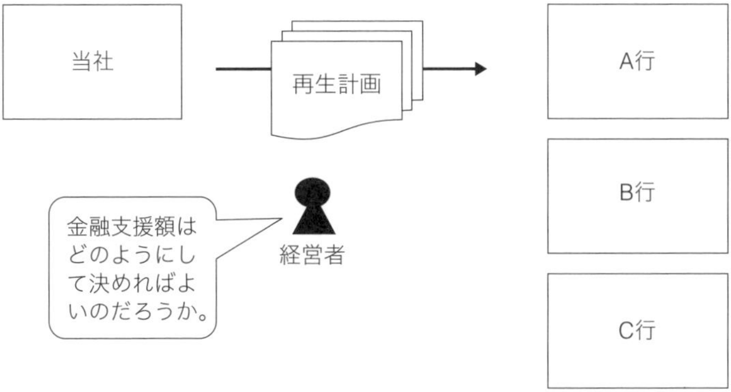

A

税務当局が求めている損失負担（支援）額の合理性を確保するためにも，金融支援額の算出方法として，中小企業再生支援協議会の例を参考にしてみてはいかがでしょうか。

金融支援額については，いくらにしなければならないというような明確な基準があるわけではありません。では，計画策定にあたってどのように金融支援額を算出しているのでしょうか。はじめに，国税庁の示している質疑応答事例における「合理的な再建計画」についてもう一度確認しておきましょう。

合理的な整理計画又は再建計画とは

【照会要旨】

子会社等を整理又は再建する場合の損失負担等が経済合理性を有しているか否かはどのように検討するのでしょうか（合理的な整理計画又は再建計画とはどのようなものをいうのでしょうか。）。

【回答要旨】

子会社等を整理又は再建する場合の損失負担等については，その損失負担等に経済合理性がある場合には寄附金に該当しませんが，この経済合理性を有しているか否かの判断は，次のような点について，総合的に検討することとなります。

④　損失負担等の額（支援額）は合理的であるか（過剰支援になっていないか）。

(途中及び以下略)

④で，「損失負担等の額（支援額）は合理的であるか（過剰支援になっていないか)」どうかが求められています。さらに，以下の質疑応答事例では，金融支援額の検討方法についての記載されています。

損失負担（支援）額の合理性

【照会要旨】

損失負担（支援）額の合理性は，どのように検討するのでしょうか。

【回答要旨】

損失負担（支援）額が合理的に算定されているか否かは，次のような点から検討することとなります。

①　損失負担（支援）額が，子会社等を整理するため又は経営危機を回避し再建するための必要最低限の金額とされているか。

②　子会社等の財務内容，営業状況の見通し等及び自己努力を加味したものとなっているか。

子会社等を再建又は整理するための損失負担等は，子会社等の倒産を防止する等のためにやむを得ず行われるものですから，損失負担（支援）額は，必要最低限の金額でなければなりません。一般的に，支援により子会社等に課税所得が発生するようなケースは少ないと考えられます。

> 支援金額が過剰と認められる場合には，単なる利益移転とみなされ，寄附金課税の対象となります。
>
> なお，支援の方法としては，無利息貸付，低利貸付，債権放棄，経費負担，資金贈与，債務引受けなどがあり，その実態に応じた方法が採用されることとなるものと考えられます。
>
> 更に必要最低限の支援であり，子会社等はそれなりの自己努力を行っていることが通例ですから，損失負担（支援）額は，被支援者等の自己努力を加味した金額となります。
>
> この場合，どのような自己努力を行うかは，法人の経営判断ですが，一般的に遊休資産の売却，経費の節減，増減資等が考えられます。

この質疑応答事例の内容を整理するとこういうことです。順番は逆になりますが，まずは②にあるとおり，支援を受ける企業が自己努力（遊休資産の売却，経費の節減，増減資等）を行い，それを織り込んだ計画を作ることが求められます。「営業状況の見通し等」との記載もありますから，その計画は企業の外部環境や内部環境を加味した合理的で実現可能な内容になっている必要があると考えられます。まずは，そうした計画を立てて，その後に経営危機を回避し再建するための金融支援額を算定します。そのときの支援額は，企業の倒産防止のためにやむを得ず行われるものなので，必要最低限の金額でなければならず，その金融支援額が過剰であれば，単なる利益移転であり，寄附金課税の対象になるとされています。なかなか厳しい内容になっていますが，では「必要最低限の支援額」はどのように計算すればいいのでしょうか。

ここで再生支援協議会が関与する再生計画について見てみましょう。再生支援協議会の手続き等を定めた「中小企業再生支援協議会事業実施基本要領」には，再生計画の内容として，以下のように定められています。

> ⑸　再生計画案の内容
>
> ①　再生計画案は，相談企業の自助努力が十分に反映されたものであるとともに，以下の内容を含むものとする。

- 企業の概況
- 財務状況（資産・負債・純資産・損益）の推移
- 実態貸借対照表
- 経営が困難になった原因
- 事業再構築計画の具体的内容
- 今後の事業見通し
- 財務状況の今後の見通し
- 資金繰り計画
- 債務弁済計画
- 金融支援（リスケジュール，追加融資，債権放棄等など）を要請する場合はその内容

② 実質的に債務超過である場合は，再生計画成立後最初に到来する事業年度開始の日から５年以内を目処に実質的な債務超過を解消する内容とする。（企業の業種特性や固有の事情等に応じた合理的な理由がある場合には，これを超える期間を要する計画を排除しない。）

③ 経常利益が赤字である場合は，再生計画成立後最初に到来する事業年度開始の日から概ね３年以内を目処に黒字に転換する内容とする。（企業の業種特性や固有の事情等に応じた合理的な理由がある場合には，これを超える期間を要する計画を排除しない。）

④ 再生計画の終了年度（原則として実質的な債務超過を解消する年度）における有利子負債の対キャッシュフロー比率が概ね10倍以下となる内容とする。（企業の業種特性や固有の事情等に応じた合理的な理由がある場合には，これを超える比率となる計画を排除しない。）

まず①では，国税庁の質疑応答事例でも触れられていたように「相談企業の自助努力が十分に反映された」計画でなければならないとあります。

次に②を見てください。実質的に債務超過である場合は，５年を目処にその債務超過を解消する内容とするとありますが，これはどういう意味でしょうか。これは，計画を作成して，さあスタートしようという時点で，その企業の利益の額の約５年分の債務超過を抱えているという意味です。その後，毎年利益が出て債務超過額が減り，計画５年目にちょうど債務超過が解消されます。その

ように金融支援額を決めるということです。ちょっとわかりにくいかもしれませんので以下の図で説明したいと思います。

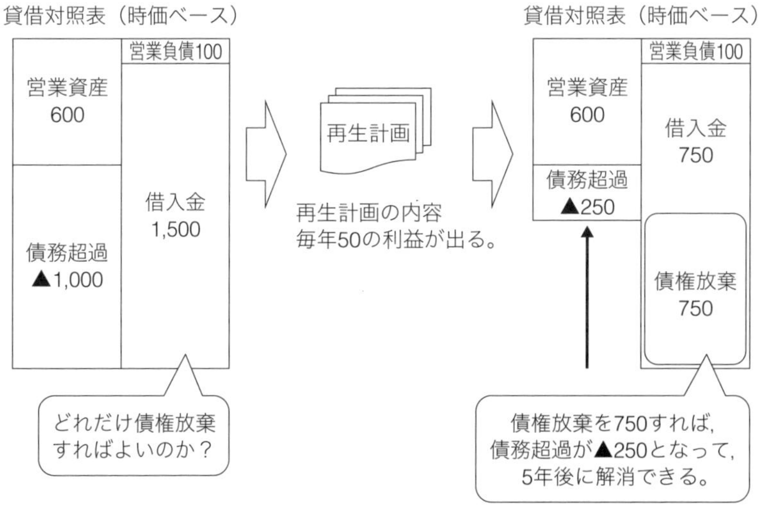

左側の「貸借対照表（時価ベース）」を見てください。例えば，債務超過が▲1,000あるとします。その会社が自助努力を織り込んで再生計画を立てたところ，毎年50の利益が出そうだとしましょう。そのとき，どれだけ金融支援をすれば再生支援協議会の要件に合致するでしょうか。そうです。5年で債務超過を解消するところまで金融支援をしてもらえれば，要件に合致します。ですから，残すことになる債務超過は，「毎年の利益額50×5年＝▲250」となり，したがってこの場合では，750の支援が必要ということです。それだけの支援を得られれば，5年後には債務超過を脱することができるということになります。

【債務超過解消までのスケジュール】

	スタート時	計画1期	計画2期	計画3期	計画4期	計画5期
利益の額		50	50	50	50	50
債務超過額	▲250	▲200	▲150	▲100	▲50	0

それでは次を見ていきましょう。③は簡単ですね。3年以内の経常黒字を目指す内容とするという要件です。④は再生計画の終了時点で金融機関からの借入金がその会社の生み出すキャッシュフローの10倍以下となっているというものです。この要件はどういうものでしょうか。

【キャッシュフローと借入金の残高】

	スタート時	計画1期	計画2期	計画3期	計画4期	計画5期
キャッシュフロー		60	60	60	60	60
借入金の返済額		50	50	50	50	50
借入金の残額	750	700	650	600	550	500

①残高	500
②CF	60
③＝①／②倍率	8.33

再生計画の計画期間については，通常は債務超過解消までの期間になりますので，上記の例では，計画期間は5年ということになります。したがって，計画5年目終了時点での借入金残高と，キャッシュフローの額を見ていきます。計画上の利益は50でした。キャッシュフローは仮に60だったとしましょう。そのうち50を毎年の返済にあてていくとすると，5年後の借入金の残高は500になっています。ここで借入金の残高とキャッシュフローを比較するのです。このケースでは，「借入金の残高500÷キャッシュフロー60＝8.33（倍）＜10倍」となっているため，要件を満たすことになります。

再生支援協議会の場合，この3つの要件を満たす計画を目指すことになりますが，まずは自助努力が十分に織り込まれた計画を作ったうえで，この計画を前提とすればどの程度の金融支援が必要になるのかを考えていくわけです。

金融支援の金額を考えるうえで，非常に便利な方法を紹介します。これは，「再生のイメージ図」と呼んでいるもので，計画策定の入口時点で大変重宝するものです。作るタイミングとしては，経営者から話を聞いたり，決算書などを入手したりして会社の情報がある程度集まってきたところで，この会社であればどのような計画が考えられるかをシミュレーションするイメージです。

令和2年3月期　（百万円）

売上高	410
営業利益	20
（支払利息）	28
経常利益	▲8
（減価償却費）	20
返済原資CF	12

借入金	918
実質自己資本	▲487

債務償還年数	77
債務超過解消年数	N/A

P/L・C/F改善

項目	（百万円）
取引先の絞り込み	5
外注費の削減	6
役員報酬の削減	4

B/S改善

債権放棄	413
関係会社借入金	5

スタートイメージ　（百万円）

売上高	400
営業利益	35
（支払利息）	20
経常利益	15
（減価償却費）	20
返済原資CF	35

借入金	500
実質自己資本	▲69

債務償還年数	14
債務超過解消年数	5

（藤原敬三　実践的中小企業再生論第3版　きんざい　52頁）

表の見方ですが，左側には直近の実績値を入れていきます。左上の箱の一番下にある返済原資キャッシュフローは，経常利益に減価償却を足したものです。経常利益が黒字の場合は，ここからさらに納付しなければならない税金を差し引くこともあります。実質自己資本というのはマイナスの場合，債務超過の金額を示しています。ここでは▲487百万円と大幅な債務超過の状態にあることがわかります。その下の債務償還年数は，「借入金÷返済原資キャッシュフロー」で計算をします。この例では，「918百万円÷12百万円＝77」で，債務償還に77年かかるということがわかります。大幅な過剰債務となっているということです。最後に債務超過解消年数は債務超過の金額，この場合は▲487百万円ですが，これは利益でしか解消できません。この例では，経常利益はマイナスとなっているので，計算できないという結果になっています。ここまでが現状です。

続いて真ん中の上の箱では，事業改善の方策とその効果を記載します。ここでは，取引先の絞り込みや外注費の削減等で15百万円の営業利益が改善するとします。また，真ん中の下の箱では，バランスシートの改善として，主に金融支援の内容を記載していきます。ここでは，債権放棄が合わせて418百万円なされたとしましょう。すると，右側のスタートイメージのような会社になるということです。

右側の一番下の箱を見てください。債務償還年数は14年，債務超過解消年数は５年となっています。再生支援協議会の基準では，債務超過解消は５年以内ですから，要件を満たしていることになります。債務償還年数は14年とありますが，再生支援協議会の基準では，「再生計画の終了年度（原則として実質的な債務超過を解消する年度）における有利子負債の対キャッシュフロー比率が概ね10倍以下」とありました。計画期間である５年間に順調に返済が進んだとすれば，14年－５年＝９年分の借入金が残っていると考えられます。したがって，この表でいう債務償還年数が15年以下になれば，おおむね要件を満たしていることになると考えられるのです。

ちょっと複雑な作りになっていると感じたかもしれませんが，これはエクセルなど表計算ソフトで式を入れておけば全部自動的に計算されていきます。真ん中の上の箱と，真ん中の下の箱にいろんな数字を入れながら，右下の箱が基準に収まるところを模索するのです。このくらいなら事業の改善ができるかなとか，金融機関もここまでなら支援に応じてもらえるかなとか考えながら，この表を作ることでイメージを膨らませていくのです。

Q8 支援割合に違いがあっても合理的といえるか？

当社が示した再生計画を見た取引金融機関から，金融機関に対する債権放棄の要請について，金融機関間の支援率が違うのでこのままでは同意できないと言われています。その金融機関の意見を踏まえて，これから支援内容の見直しをするところですが，仮に，取引金融機関が同意してくれたとしても支援率が違っていると税務上認められる「合理的な再建計画」とはならないのでしょうか。

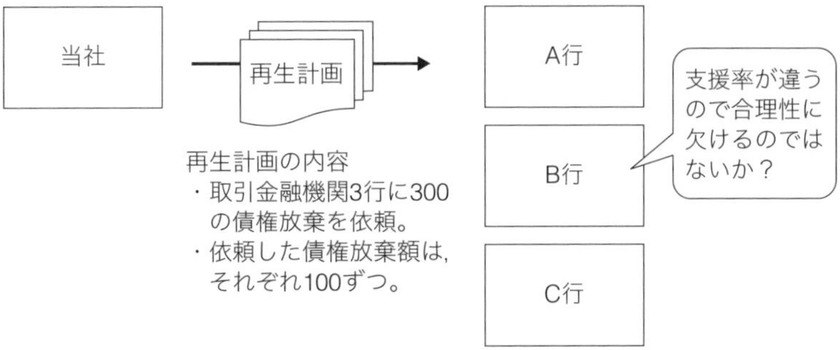

A

金融機関間の支援率が異なっていても，合理的といえる範囲内であれば，税務上も「合理的な再建計画」といえます。

支援率が異なるとはどういうことでしょうか。そもそも債権放棄を依頼する場合，金融機関ごとの債権放棄額はどのように決めるのでしょうか。事業を再生するために必要な債権放棄額が300として，金融機関が３行あった場合，どのように各行の債権放棄額を計算するのかというと，以下のように計算します。

取引金融機関	借入金残高	シェア	債権放棄額	支援率	放棄後残高
A行	250	50%	150	60%	100
B行	150	30%	90	60%	60
C行	100	20%	60	60%	40
合計	500	100%	300	60%	200

見てわかるように，個別の金融機関の債権放棄額は，借入金の残高に基づき割り振ります。これをプロラタといいます。表中の支援率とは，債権放棄額が借入金残高に占める割合を計算したものとなります。この支援率が等しい場合に，金融機関間の支援が衡平になされていると判断されるのです。

また，支援率を考えるときに，金融機関に担保物があるかどうかもポイントになります。金融機関は，自行の債権を確実に回収するために不動産や預金などを担保に取ることがあります。担保がある部分は，保全されていて必ず回収できますから，債権放棄をするわけにはいきません。したがって，債権放棄をする金額は，担保によって保全されていない部分，つまり非保全額に基づいて計算されるのです。具体的に以下の例で見てみましょう。

取引金融機関	借入金残高	保全額	非保全額	シェア	債権放棄額	支援率	放棄後残高
A行	250	80	170	43%	127.5	75%	122.5
B行	150	20	130	33%	97.5	75%	52.5
C行	100		100	25%	75	75%	25
合計	500	100	400	100%	300	75%	200

このように，債権放棄額を割り振るシェアが，非保全額に基づき計算されています。これをを非保全プロラタといいます。このように，計算された支援率が同率かどうかが問題になるわけです。

では，この支援率について税務当局はどのように考えているのか，支援率について触れている国税庁の質疑応答事例を２つ見てみましょう。

損失負担（支援）割合の合理性

【照会要旨】

損失負担（支援）割合の合理性は，どのように検討するのでしょうか。

【回答要旨】

支援者ごとの損失負担（支援）額の配分が，出資状況，経営参加状況，融資状況等の子会社等と支援者との個々の事業関連性の強弱や支援能力からみて合理的に決定されているか否かを検討することとなります。

なお，損失負担（支援）割合は，当事者間で合意されるものです。

損失負担（支援）額の配分については，例えば，総額を融資残高であん分し負担する方式（プロラタ方式）による場合のほか，出資比率，融資残高比率及び役員派遣割合の総合比率であん分し，個々の負担能力を考慮した調整を行った上で決定するといった例があります。

この質疑応答事例では，支援率の合理性について，支援者ごとの属性に応じて合理的に決定されているかがポイントなっていると考えられます。次の質疑応答事例では，もう少し詳しく書いてありますので，こちらも見てみましょう。

支援者が複数いる場合の損失負担（支援）割合の合理性

【照会要旨】

支援者が複数いる場合の損失負担（支援）割合の合理性は，どのように検討するのでしょうか。

【回答要旨】

損失負担（支援）割合の合理性については，一般的に支援者の出資状況，経営参加，融資状況等の事業関連性や支援体力からみて合理的に決定されているか否かを検討することとなります。

このため，合理性が認められるケースとしては，次のようなものが考えられます。

① 融資残高比率に応じた割合（プロラタ方式）による場合

② 損失負担（支援）総額を，出資状況，融資残高比率及び役員派遣割合等の事業関連性を総合的に勘案し，各支援者に配分する場合

③ メインとなる支援者（出資責任，融資責任，経営責任等のある者）が，その責任に応じたできる限りの支援を行い，他の支援者については，

融資残高等の事業関連性を総合的に勘案し，責任を求めるといった場合

④　親会社としては，優先的に大部分の損失負担をし，経営責任を果たさなければ一般の取引先の同意が得られず，再建計画が成立しないため，やむを得ず損失負担をして，再建を果たそうとする場合

このように，国税庁の質疑応答事例では，プロラタの考え方を中心としつつも，支援を受ける会社との関係の深い者がより多くの負担をすることとなっても合理的だといえると考えているのが理解できます。ただし，この質疑応答事例だけでは，程度問題というか，ではどこまで認められるのか，という部分ははっきりしていないように感じます。

実際の案件でどのようなケースが多いかというと，非保全プロラタが中心ではありますが，実は支援率が異なるというケースも特に珍しいものではありません。一番多いのは，借入金の残高が大幅に違うときです。例えば，A行の残高が10億円であるのに対してB行の残高が100万円であれば，必ずしも同じ支援率でなくてもよいと考えられるでしょう。その辺りはなんとなくで理解してもらえればと思います。少額債権者の保護は法的整理の中でも認められている考え方ですので，私的整理で登場してもおかしくはないのです。

同じような話なのですが，よく議論に上がっていたのが，「メインバンクだからもっと支援しろ」という要望です。「メイン寄せ」などといわれていました。先程の質疑応答事例の考え方からすると，このような考え方も税務当局では許容しているのだと思います。一般的に，メインバンクは取引額も多く，OBを会社に派遣するなど，会社と非常に緊密な関係にあって，会社の情報に接する機会が多かったので，このような話になっていました。メインバンクとして指導が足りないのではないか，メインバンクとして責任を取ってうちの銀行を巻き込むな，ということがいわれていたのです。

しかし，このメイン寄せはかなり減ってきているというのが実感です。とい

うのは，私的整理による債権放棄が一般的になるにつれて，「明日は我が身」という考え方が定着してきたからです。つまり，A社にはそれほど残高がないけれど，B社ではメインバンクになっているときに，A社の再生計画では，メイン寄せを主張して，B社の時には，プロラタしか認めないということはいいにくいですよね。ですから，事業再生が活発な地域ほど「明日は我が身」と考えて，より完全プロラタ（非保全プロラタ）に近いやり方が定着してきていると感じています。もちろん，今でも強行に主張してくる金融機関もありますので，これらの考え方は今後も重要であるとは思います。

Q9　1行放棄は問題となるのか

当社は，メインバンクであるA行の指導もあって，債権放棄を含む再生計画を策定しています。ただし，当社と取引のある金融機関はA行のみで，1行放棄では税務上問題があると言われており，計画策定がストップしているところです。支援をする債権者が1行の場合は，「合理的な再建計画」とはいえないのでしょうか。

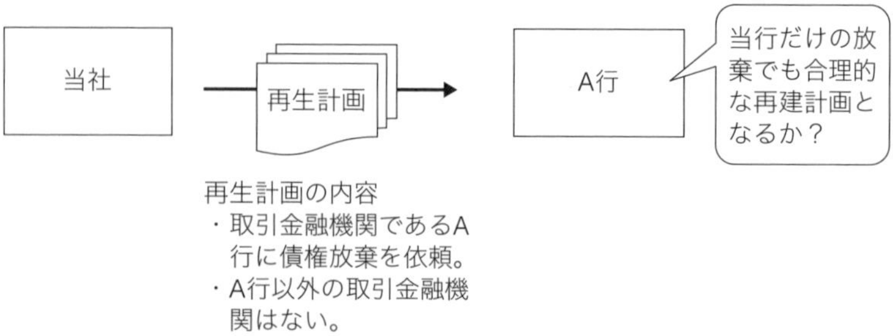

A

支援をする債権者が1行の場合でも，「合理的な再建計画」として認められる場合があります。

メインバンクであるA行はなぜ，このような心配をしているのでしょうか。ここで，**Q6**でも出てきた法人税基本通達をもう一度見てみることにしましょう。

> **(子会社等を再建する場合の無利息貸付け等)**
> 9－4－2　法人がその子会社等に対して金銭の無償若しくは通常の利率

よりも低い利率での貸付け又は債権放棄等（以下９－４－２において「無利息貸付け等」という。）をした場合において，その無利息貸付け等が例えば業績不振の子会社等の倒産を防止するためにやむを得ず行われるもので合理的な再建計画に基づくものである等その無利息貸付け等をしたことについて相当な理由があると認められるときは，その無利息貸付け等により供与する経済的利益の額は，寄附金の額に該当しないものとする。

（注）　合理的な再建計画かどうかについては，支援額の合理性，支援者による再建管理の有無，支援者の範囲の相当性及び支援割合の合理性等について，個々の事例に応じ，総合的に判断するのであるが，例えば，利害の対立する複数の支援者の合意により策定されたものと認められる再建計画は，原則として，合理的なものと取り扱う。

（下線は筆者）

この通達では，合理的な再建計画の例が示されており，利害の対立する複数の支援者の合意があれば，原則として合理的な計画であると認めるとあります。これを読んだメインバンクが，１行のみで支援する場合は合理的な再建計画にあたらないのではないかということを心配しているということでしょう。

ただし，この通達は，複数の場合は合理的だと言っているだけであって，１行の場合にはすべて不合理と言っているわけではありませんが，心配する気持ちはわかります。例えば，親会社がすべての株式を保有する子会社に対して多額の債権を有しているときに，それを放棄することとなった場合を考えてみてください。このようなケースですと，その債権放棄はどういう理由があって行われるのか気になりませんか。以前から回収不能となっていた子会社向け債権を親会社で多額の利益が出たタイミングで債権放棄をするような，そんな都合の良い話になっていないだろうかと見られてしまう可能性があるのだと思います。このような場合に，この通達の示している要件を満たしているかどうかは気になるところです。それもあって，「利害の対立する複数の支援者が合意する」という部分が求められているのでしょう。

もちろん，利害の対立する関係者が，紆余曲折を経て合意できた再建計画であれば，合理的だという理屈は理解しやすいものと思いますが，たとえ取引金融機関が１行であっても合理的な計画は存在すると考えます。そもそも金融機関にとってみれば取引先である中小企業は純粋な第三者ですから，原則として合理的な取引だとも考えられますが，ここは再生支援協議会のような公的機関の関与を求めるほうが現実的です。もちろん，計画策定のプロセスについては，複数行の支援の場合に比べて，より厳しい見方をされると考えて計画策定に望むべきでしょう。

関連して，以下の質疑応答事例も見てみましょう。こちらは分量が多いので，一部を抜粋しています。

企業再生税制の対象となる私的整理とそれ以外の私的整理における税務上の取扱いの違い

【照会要旨】

当社は製造業を営む法人ですが，今般，中小企業再生支援協議会の支援を受けて再生計画を策定することとなりました。この再生計画は，取引金融機関がA銀行１行のみであることから，「中小企業再生支援協議会の支援による再生計画の策定手順（再生計画検討委員会が再生計画案の調査・報告を行う場合）」（以下「中小企業再生支援協議会が定める準則」といいます。）によっているものの，企業再生税制の要件を満たしておりません。

この場合であっても，本件再生計画は合理的な再生計画に該当するものとして，債権放棄をしたA銀行にあっては寄附金に該当せず，また，債務免除を受けた当社にあっては，期限切れ欠損金の損金算入規定の適用ができると考えてよろしいでしょうか。

【回答要旨】

（途中省略）

3．ご照会の場合，上記１のとおり企業再生税制の適用はありませんが，本件再生計画が上記平成24年３月28日付の回答（中小企業再生支援協議会の手続きで国税庁に事前に照会し企業再生税制の適用が認められるとされている回答）にあるような合理的な再生計画に該当するものであれば，債権放棄をしたA銀行にあっては寄附金に該当せず，また，債務免除を受けた貴社にあっては期限切れ欠損金の損金算入規定の適用ができると考えられます（なお，この場合には，法人税法第59条第２項第３号には該当しませんので，期限切れ欠損金を青色欠損金等に優先して控除することはできません。)。

（３．２行目のカッコ書きは作者が加筆。以下省略)

ここでいう企業再生税制については，**Q11**で詳しく説明していますので，そちらを読んでもらうとして，この質疑応答事例では，取引金融機関の１行のみが支援をする場合の合理性が問題となっています。回答の中心となっている手続きは，事前に国税庁に照会し，その内容で問題がないと回答を受けている手続きなので，支援者が１行でも構わないという結論になっているように読めます。ただし，基本的に複数行の関与が前提となっている手続きであっても，支援者が１行になったことだけをもって合理性が失われることはないといっていることは間違いありません。あくまでも計画全体の合理性が重要だと理解するべきであると思います。

Q10 債務免除益課税への対応

当社は，事業再生計画を策定し取引金融機関から債権放棄を受けることができそうです。ところが，当社の顧問税理士から，債権放棄によって発生する債務免除益に足りるだけの欠損金がないと言われています。金融機関から債権放棄を受けると，その分は課税の対象になるのでしょうか。課税対象となる場合，何か対処する方法はありませんか。

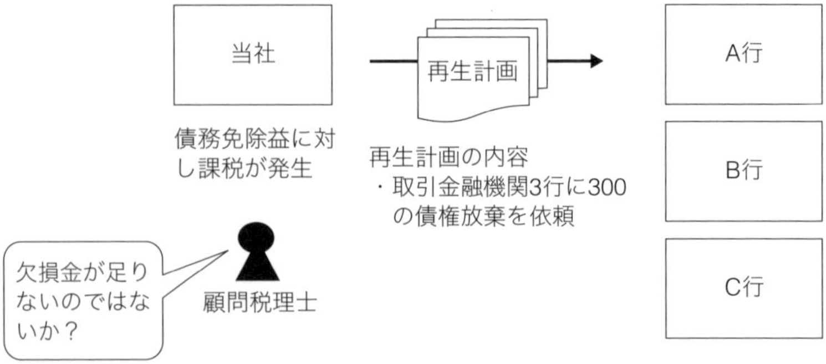

A

金融機関から債権放棄を受けた金額は，債務免除益として法人税の課税対象になります。債務免除益に対して法人税の課税を受けないようにするためには，解説にあるような対応策を講じる必要があります。

債務免除益課税への対応方法については，以下のようなものが考えられます。

1 青色欠損金

青色欠損金とは，過去の赤字を今期の黒字と相殺する制度です。青色申告をしていることが必要ですが，中小企業といえども通常は青色申告をしていますから，その点は問題ないでしょう。過去とは10年以内を指しますので，ここ10年以内に発生した欠損金のうち，まだ相殺されていない部分をもって，今期の黒字と相殺することができます。

それでは，簡単な例で説明します。次の図を見てください。今年がX年度だとして，本設問のように300の債務免除益が発生したとしても，以下のように青色欠損金が550あれば，過去の赤字と相殺され法人税が発生しません。

年度	欠損金の額
X–10	100
X–9	90
X–8	80
X–7	70
X–6	60
X–5	50
X–4	40
X–3	30
X–2	20
X–1	10
合計	550

欠損金との相殺は古い順にあてていきます。ですから，来年度も250（550－300）までは利益が出ても課税はされないことになります。

債権放棄が必要な会社であれば，過去何期かにわたって赤字決算が続いているケースが多いので，青色欠損金が発生していると思います。債権放棄によって発生する債務免除益がこの青色欠損金の範囲内であれば，基本的には課税の心配はありません。青色欠損金についてはQ1でも詳しく解説していますのでそちらも確認してください。

2 期限切れ欠損金

事業再生の局面では，期限切れ欠損金を使うことで，債務免除益に対応できる場合があります。青色欠損金だけでは債務免除益に足りないときに，この期限切れ欠損金をあてることができるのです。例えば，債務免除益300に対して，青色欠損金が200しかなかったとします。その場合でも，期限切れ欠損金が例えば200あったとしたら，そのうち100を使って債務免除益に対する課税を受けずに済むわけです。

期限切れ欠損金とはどういうものでしょうか。期限切れと聞くと青色欠損金で10年の繰越期間を経過してしまった部分がイメージされると思いますが，それは正確な説明ではありません。しかし，期限切れ欠損金という単語がかなり一般化してしまっているので，本書でもこの呼び名を使っています。イメージとしては，期限が切れた部分，つまり過去からの欠損金の合計額で青色欠損金以外のものという感じで理解してもらえればと思います。

事業再生の局面では，この期限切れ欠損金が使えるかどうかは大きなポイントになります。どういう場合にこの期限切れ欠損金を使うことができるかというと，これまで何度か出てきた「合理的な再建計画」がある場合をイメージすればよいでしょう。債権放棄をする金融機関にとっては，合理的な再建計画でなければ，寄附金課税されてしまうわけですから，債権放棄を求める再生計画を策定するにあたっては，当然その要件を満たすことを求めることになります。合理的な再建計画に基づくものであれば，債務者側では，この期限切れ欠損金を使うことができると理解してください。

この期限切れ欠損金は，青色欠損金が足りない場合に使えると説明しました。先程の計算ですと，債務免除益300に対して，青色欠損金200をまずあてて，そのあとで期限切れ欠損金200のうちの100をあてることになります。これに対して，一定の要件を満たすことで，期限切れ欠損金を先にあてることも可能になります。つまり，債務免除益300に対して，まず期限切れ欠損金200をあてて，その後青色欠損金200のうち100をあてるということです。何が違うのかというと，青色欠損金を残すことができるということです。つまり，事業計画の中で，今後利益が出ても青色欠損金100の範囲であれば，課税されないということでこちらの方が有利になります。期限切れ欠損金は，事業再生のような特殊な局面でのみ使える欠損金であるため，このような有利不利が生じてくるのです。どういう場面で「期限切れ欠損金の優先充当」ができるのかは，Q11で説明します。

3 含み損が発生している資産の処理

保有している固定資産に含み損がある場合は，その含み損を実現する方法を考えます。ただし，製造業における工場や宿泊業における旅館など，事業を継続するうえで重要な資産である場合には，売却するべきかどうか慎重に考える必要があるでしょう。また，相手のある話なので，売却を計画したからといって，計画どおりに売れるとは限りません。そのため，関連会社など，実質的なグループ会社に売却して，この含み損を実現しようとするケースがあります。外部に売ると心配なので，グループ会社に売って，手っ取り早く損失を作り出すようなイメージです。しかし，このような恣意的な方法は，極力避けるべきだと考えます。後ほど出てきますが，第二会社方式による実質的な債権放棄の方法を使うことをまずは検討してください。

不動産以外でよくあるのは，不良債権や滞留在庫の問題です。不良債権は，取引先が倒産してしまい，回収できないであろう売掛金や貸付金，また，経営者（一族）に対する貸付金などが帳簿に残っているケースが典型的です。滞留在庫は，衣料品を扱う企業で，シーズンが終わってしまった在庫を保有し続けているときなどです。これらについては，それぞれQ3とQ4で触れていますので，そちらを確認してください。

いずれにしても，税務上の損金と認められる部分はあるのかを考えていくことになります。

ここまで，債務免除益対策としていくつかの方法を示しましたが，実は，再生計画を策定し，金融機関からの支援を受けられそうになった段階で債務免除益課税について考えているようでは遅すぎます。再生計画を作るときには，当然利益が出る計画を作るわけですから，利益と相殺できる欠損金についての検討は必須事項です。債務免除益対策に限らず，税務上の欠損金の金額や含み損を抱えた資産の状況など，どの程度まで税務上の損失と認められるのかを事前に検討しておくことが非常に重要です。本設問のようにならないように注意しましょう。

Q11 企業再生税制とはどのような制度か

債権放棄を含む再生計画を策定していますが，コンサルタントから，企業再生税制という制度を使えば，効果的に債務免除益課税の対策ができると言われました。第二会社方式にすると，資産の移転などでコストがかかると合わせて聞いているので，コンサルタントの助言に従って，計画策定をしようと思うのですが，企業再生税制というのはどのような制度なのですか。

A

企業再生税制とは，一定の要件を満たす計画を作ることで，資産の評価損益を計上したり，期限切れ欠損金の優先控除が認められたりする制度です。企業再生税制の適用を受けるために必要な要件については，以下の解説を確認してください。

企業再生税制とは，民事再生やこれに準ずる一定の私的整理が行われる場合に，その債務者である法人については，①資産の評価損益を計上することと，②期限切れ欠損金を優先的に利用することができるという制度です。資産の評価損益の計上を認めることで，資産売却による損益の実現を待たずに評価損益として計上が可能となることから，迅速な事業再生が可能になると考えられています。また，期限切れ欠損金の優先控除を認めることで，計画期間中に青色欠損金が使えることとなり，納税負担が軽減されることから，確実な再建につながるものとされています。

では，ここで適用要件を見てみましょう。法律で規定されている主な要件は以下のとおりとなっています。なお，4と5の要件はどちらか一方を満たせばよいことになっています。

> 1　資産の評価損又は評価益が計上されている再生計画で，一般に公表された債務処理を行うための手続についての準則（公正かつ適正なものと認められるものであつて，次のイ及びロが定められているもの）に従つて策定されていること
> イ　資産評定に関する事項
> ロ　その計画が準則に従つて策定されたものであること並びに次の2及び3の要件に該当することにつき確認をする手続に関する事項
> 2　債務者の有する資産及び負債につき資産評定が行われ，その資産評定による価額を基礎として債務者の貸借対照表が作成されていること
> 3　2の貸借対照表における資産及び負債の価額，その計画における損益の見込み等に基づいて債務免除等（直接債権放棄又はDES）の金額が定められていること
> 4　二以上の金融機関等が債務免除等をすることが定められていること
> 5　政府関係金融機関，株式会社地域経済活性化支援機構などが債務免除等をすることが定められていること

これだけを読んでもなかなか想像できないと思います。このスキームのポイントは，適切にデューデリジェンス（財産調査）を行い，合理的な再建計画を作り，かつ，2以上の金融機関（政府系金融機関などであれば1行でも可）から直接債権放棄（またはDES）をしてもらうということです。DESとはDebt Equity Swapの略で，債務の株式化をして，借入金を株式に振り替えるという金融支援策の1つです。詳しくはQ21を見てください。

それでもイメージが湧きにくいので，中小企業再生支援協議会の手続きで具体的に見てみましょう。

中小企業再生支援協議会の手続きでも，この企業再生税制の適用があるものがあります。中小企業庁ウェブサイト上の，「中小企業再生支援スキーム」という手続きが，中小企業再生支援協議会において，企業再生税制の適用を受けようとする場合に利用される手続きになります。

この手続きのポイントとしては，何より国税庁に対して事前照会を取っており，この手続きを適切に使う限りにおいては，課税上の問題は発生しないということです。

では，改めて，「中小企業再生支援スキーム」のポイントについて見ていきましょう。

1つ目は，金融支援策として，直接放棄またはDESが含まれる案件に限られるということです。あれほど苦労していた直接放棄の案件について，事前に国税庁の了解が得られているので，債権者も債務者も安心して手続きに加わることができるようになっています。一方で，第二会社方式ではこの手続きを使うことはできないということを意味します。そもそも第二会社方式であれば，資産の評価損も実現しますし，特別清算の手続きの中で期限切れ欠損金も利用されますので，このスキームを使う必要はないともいえるでしょう。

2つ目のポイントとしては，手続き上「再生計画検討委員会」という委員会が設置されるということです。この委員会では，法律に規定されている準則（ここでは「中小企業再生支援スキーム」です）に従って再生計画が作成されているかなどを確認することになります。なお，委員には，事業再生に関する専門的な知識と経験を有する専門家が選ばれることになっています。通常は弁護士と公認会計士で3名が選ばれるのですが，有利子負債の金額が10億円未満である場合には2名で構わないという規定があるので，中小企業の場合は2名で行うこともあります。

ポイントの3つ目は，資産評定の基準として，「実態貸借対照表作成にあたっての評価基準」が設けられていることです。通常の協議会手続きでは，ここまで細かく評価基準が決まっているわけではありません。ですから，協議会の手続きが進んでいる中で，途中からこの「中小企業再生支援スキーム」を使いたいということになったときには，極端な場合には，資産評定をすべてやり直すこともあり得ます。したがって，「中小企業再生支援スキーム」を使う可能性があるのであれば，資産評定は，この「実態貸借対照表作成にあたっての評価基準」に従って行うということも検討するべきでしょう。

ところで，再生支援協議会の手続きには，この「中小企業再生支援スキーム」だけではなく，「中小企業再生支援協議会事業実施基本要領」という手続きがあります。この２つの違いは，以下のとおりです。

	中小企業再生支援スキーム	中小企業再生支援協議会事業実施基本要領
金融支援の方法	直接放棄（またはDES）が必ず含まれていなければならない。	直接放棄，第二会社方式，DDS，DES，リスケジュールなど様々。
企業再生税制の適用	あり	なし
手続きについて国税庁の事前確認	あり	なし（手続き自体ではないが事前回答を受けている）
資産評定の基準	あり	なし
個人保証人の資産贈与の特例の適用（租税特別措置法第40条の3の2）	あり	なし

上の表を見ると，中小企業再生支援スキームの方が非常にメリットが多いように見えると思います。再生支援協議会では，この２つをどのように使い分けているかというと，企業再生税制を使うときだけ，「中小企業再生支援スキーム」を使っているということになります。では，どのくらい「中小企業再生支援スキーム」が使われているかという点については，次の表を見てください。

金融支援	累積		今回公表分	
	企業数	割合	企業数	割合
債務免除の実施	1409	9.0%	25	17.5%
・直接放棄	357	2.3%	3	2.1%
・譲渡・分割による第二会社方式	1052	6.7%	22	15.4%
金融機関、取引先からの借入金の株式化（DES）	78	0.5%	0	0.0%
金融機関による借入金の資本的劣後ローン（DDS）	448	2.9%	3	2.1%
協議会版資本的借入金	565	3.6%	5	3.5%
金融機関による条件変更（リスケジュール）	13,661	87.6%	117	81.8%
平成17年税制改正適用	38	0.2%	0	0.0%
RCCや債権管理会社からの卒業	190	1.2%	0	0.0%
ファンド活用	395	2.5%	6	4.2%
※完了案件総数	15,591		143	

（注）上記手法を複数実施している案件がある。

表中の金融支援で，「平成17年税制改正適用」とされている部分が「中小企業再生支援スキーム」を使った件数です。中小企業再生支援協議会では，平成15年の設置以来，令和３年３月までに15,591件の再生計画の策定支援を行っていますが，「中小企業再生支援スキーム」が使われたのは，そのうち38件，全体の0.2％です。この「中小企業再生支援スキーム」がとても特殊な手法だということが理解できると思います。債権放棄案件だけを取ってみても，全体で1,409件あるうちの1,052件が第二会社方式で，残りの357件の直接放棄のうち，38件が「中小企業再生支援スキーム」となっています。債権放棄だけを見ても2.7％（38件／1384件）にとどまっているということです。事業再生のために債権放棄が必要なときに，その計画に同意するのは，債権者である金融機関ですから，これが債権者の選択ともいえると思います。

これだけ税務上のメリットが受けられるのに「中小企業再生支援スキーム」がそれほど使われていない理由としては，中小企業の事業再生では，第二会社方式により，手続き時には気が付かなかった簿外リスクなどから切り離す方がよいのではないかという考え方が浸透してきているということかもしれません。

Q12 国税照会の手続きを利用しよう

債権放棄を伴う事業計画を提示したところ，専門家から税務上の論点について，いくつか指摘を受けました。金融機関からは，課税上の問題がないかどうか国税当局の見解を確認してほしいと言われています。このような質問を国税当局では受け付けてくれるのでしょうか。

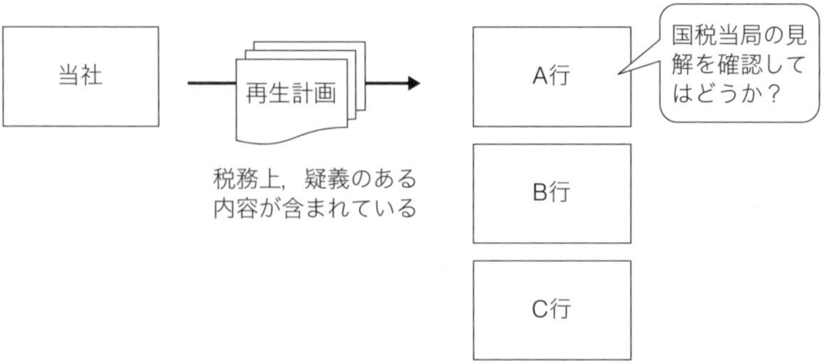

A

事業再生の案件などでは，国税局または税務署の窓口に税務上の取扱いを事前に問い合わせる国税照会の手続きを利用しています。

計画策定中に税務上の取扱いに疑義が生じた場合，法律や通達にあたり，また過去の裁判例なども参照してどのような取扱いになるのか確認するわけですが，最終的には国税当局がどう判断するかということになります。しかし，事前に国税当局の考えを確認する方法があります。それが国税照会という手続きです。

国税照会の手続きは２種類あります。１つは，「事前照会に対する文書回答手続」と呼ばれるものです。

文書回答手続きの対象となる事前照会の範囲として，以下のような記載があります。

> 事前照会を行う方（以下「事前照会者」といいます。）が，自ら実際に行った取引等又は将来行う予定の取引等で個別具体的な資料の提出が可能なものについての国税に関する法令の解釈・適用その他の税務上の取扱いに関する事前照会であって，これまでに法令解釈通達などにより，その取扱いが明らかにされていないもので，次の①及び②に該当することが必要です。
>
> ①　取引等に係る国税の申告期限前（源泉徴収等の場合は納期限前）の事前照会であること
>
> ②　次のことに同意していただけること
>
> ・　審査に必要な資料の提出をしていただけること
>
> ・　照会内容及び回答内容が公表されること（公表について関係者の同意を得ることも含みます。）
>
> ・　照会内容等の公表等に伴って発生した不利益や問題については，事前照会者の責任において，関係者間で解決していただくこと

照会内容等についての公表については，照会者の申し出がない限り公表されることはないとされています。しかし，事業再生の個別案件について税務上の取扱いを確認するというよりは，照会結果を広く公表するために利用される手続きだと理解すべきでしょう。

どのような場合にこの手続きが取られるかという例として，中小企業再生支援協議会が関与した再生計画について，中小企業庁が国税庁に照会した文書があります。

この照会文書では，中小企業再生支援協議会が関与して策定された事業再生計画の事例を示して，法人税基本通達９－４－２にいう，「合理的な再建計画に基づく債権放棄等」に該当するかどうかなどを照会しています。それに対して，国税庁の回答は，「標題のことについては，ご照会に係る事実関係を前提とする限り，貴見のとおりで差し支えありません。ただし，ご照会に係る事実

関係が異なる場合又は新たな事実が生じた場合には，この回答内容と異なる課税関係が生ずることがあることを申し添えます。」とされています。

これらのやり取りを見ると，多くの人に影響を与える内容をあえて公表するための手続きであるといえるでしょう。

もう1つの国税照会としては，通常の税務相談に近い照会の手続きがあります。具体的には，**Q9**で触れた質疑応答事例「企業再生税制の対象となる私的整理とそれ以外の私的整理における税務上の取扱いの違い」の中に以下のような記載があります。

> なお，その再生計画が合理的な再生計画に該当するか否かなど具体的な事前照会については，国税局の審理課（東京，関東信越，名古屋，大阪の各国税局課税第一部），審理官（札幌，仙台，金沢，広島，高松，福岡，熊本の各国税局課税（第一）部），沖縄国税事務所では法人課税課又は調査課でご照会に応じています。

ここに記載されている窓口が，事業再生案件全般についての照会をするときの窓口となっています。対象が中小企業の事業計画とはいえ，債権放棄などを含む複雑な判断が要求されるので，国税局が窓口になるのは自然な話ですが，過去には所轄の税務署に相談にいったこともありました。どちらに行っても結論は変わらないはずですから，迷うようなことがあったら，まずは地元の税務署に相談にいってみてもよいでしょう。

国税照会をかけるときの留意点は以下のとおりです。

まず，準備する書類ですが，提出するのは事業計画書一式になります。事業計画書だけでなく，財務調査や事業調査の報告書，不動産鑑定書，エンジニアリングレポートなども提出します。

さらに，税務上の取扱いについて照会者の見解を文書にまとめます。どのようにしてまとめればよいかは，上記の中小企業庁の照会文書の項目立てが非常に参考になると思います。ちなみに中小企業庁の照会文書では，以下のような項目立てになっています。

1．事業内容
⑴ 事業概要
⑵ 経理内容等概要
⑶ 経営困難に陥った理由
⑷ 事業価値
⑸ 再建の可能性
⑹ 私的整理を行うことの債権者にとっての経済合理性
⑺ 再建計画成立のプロセス
2．損失負担の必要性
⑴ 債務者は事業関連性のある「子会社等」に該当するか
⑵ 子会社等は経営危機に陥っているか
⑶ 支援者にとって損失負担等を行う相当な理由はあるか
3．再建計画等の合理性
⑴ 再建計画の具体的内容
⑵ 損失負担額（支援額）の合理性
⑶ 再建管理等の有無
⑷ 支援者の範囲の相当性
⑸ 負担割合（支援割合）の合理性

この照会文書は，国税庁のウェブサイトにある，「合理的な再建計画」についての質疑応答事例に沿って項目を立てているものと思われます。計画書で織り込まれている点について，税務上の取扱いはこうなるのではないかという照会者の考えを根拠を含めてしっかりと示すことが重要です。

最後にもう１つ重要なことですが，事業再生計画書の内容は，今後変更がない前提で照会をかける必要があるということです。計画書の内容を前提として，税務上の取扱いを照会しているわけですから，もしも計画の内容に変更が生じてしまえば，その結果を受けて，税務上の取扱いもまた一から考え直さなければならなくなる可能性があります。つまり，原則としてすべての対象債権者が同意している計画について国税照会を行うということです。

なお，国税照会をかけてから，回答を得るまで3か月程度かかることもあります。国税当局から質問を受けたり，追加で資料を提出したりして結論が出ることになるので，この程度はかかります。ここでよくいわれるのが，事業再生という非常にスピードが求められるスケジュールの中でこの3か月をどのように考えるのかということです。会社の資金繰りも逼迫しているでしょうし，時間がないという関係者の意見も理解できます。一方で，疑義が残るままで実行してしまえば，リスクを将来に先送りしただけということになりかねません。

このようなことにならないために，税務上のリスクが高い案件では，計画策定に入る前の段階から，国税照会をかけることを予定していますと宣言してはどうでしょうか。そして，この3か月をはじめから計画策定期間のスケジュールの中に含めて関係者に提示するのです。

税務リスクという言い方は，一方的な言い方であって個人的にはあまり好きではありません。間違いなく関係者の1人である国税当局にも計画書の内容を検討してもらう手続きとして，国税照会という手続きは，むしろ積極的に利用していくべきと考えてほしいと思います。

第3章

第二会社方式と税務

Q13 第二会社方式とはどのようなスキームか

当社で作成した再生計画案を見た金融機関から，直接放棄だと税務上の問題があり，内部で通すのが難しいため，第二会社方式にしてほしいとの意見が出ました。第二会社方式とはどのような方法なのでしょうか。また，第二会社方式であれば，税務上の問題がないということになるのでしょうか。

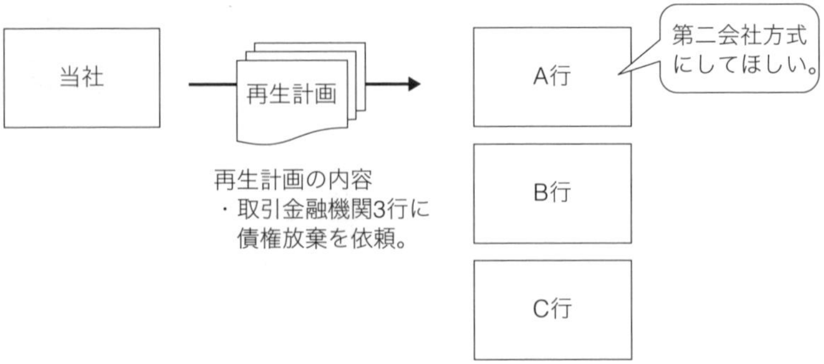

A

第二会社方式とは，事業譲渡や会社分割によりGOOD部分を新会社に移して，旧会社は特別清算などの方法により清算する方法です。金融機関は，旧会社の特別清算の中で実質的な債権放棄をすることになります。この債権放棄額は原則として，法人税基本通達９－６－１(2)により，貸倒損失として処理されることになります。

第二会社方式は以下のような手順で行われます。

① 財務状況および事業環境の詳細調査

② 会社の事業計画を策定

③ 事業価値を算定

④ 事業価値に相当する借入金を含む資産負債を新会社に移転

⑤ 旧会社は特別清算（または破産）により清算

今回は，直接放棄に変えて第二会社方式を採用する場合の説明をします。最近多くなっている，M&Aというか，スポンサーが関与して会社を買い取る場合とは，手順が少し異なりますので注意が必要です。これについてはQ15で説明します。

第二会社方式を図にすると以下のようになります。

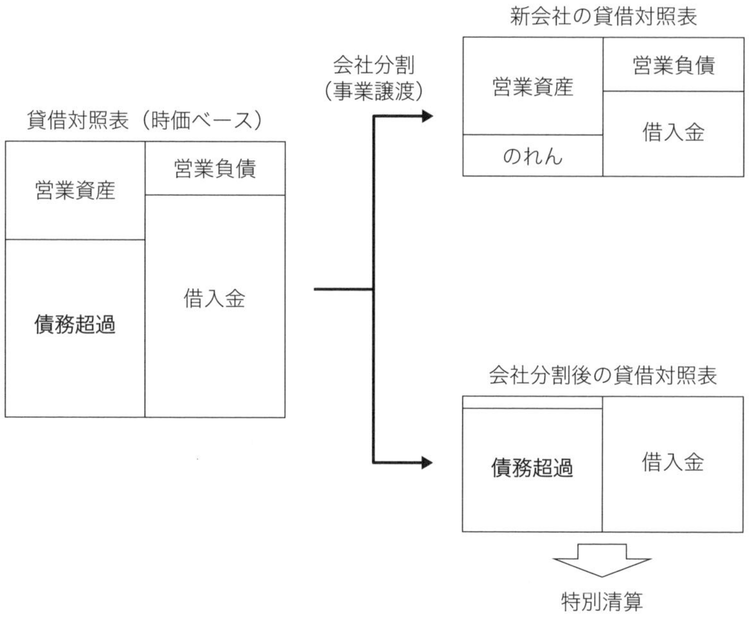

第二会社方式では，取引金融機関は，特別清算という法的整理の中で債権放棄を行うことになります。そのため第二会社方式は，実質的な債権放棄などともいわれています。

直接放棄の場合は，税務上の取扱いを判断しにくいことはすでに説明しました（Q6参照）。それに対して，第二会社方式を採った場合の税務上の取扱いはシンプルです。法人税基本通達において特別清算の取扱いを示している部分を抜粋しましたので見てみましょう。

> **（金銭債権の全部又は一部の切捨てをした場合の貸倒れ）**
> 9－6－1　法人の有する金銭債権について次に掲げる事実が発生した場合には，その金銭債権の額のうち次に掲げる金額は，その事実の発生した日の属する事業年度において貸倒れとして損金の額に算入する。
> ⑵　特別清算に係る協定の認可の決定があった場合において，この決定により切り捨てられることとなった部分の金額

特別清算の手続きによって，切り捨てられた金額は貸倒損失となることが明記されています。

債権放棄をする金融機関からすると，税務上は直接放棄よりも安心感を持って対応できるということになります。ただし，勘違いしてほしくないのですが，特別清算で処理すれば何でもよいということではありません。手順を示したように，会社についてしっかりと調査を行い，その調査に基づき実現可能な適切な事業計画を算定して，その計画に基づき債権放棄を求める金額を算定するのです。事業価値の算定も必須で，一般的にはDCF法と呼ばれる方法で算定されているケースが多くなっています。つまり第二会社方式であっても「合理的な再建計画」が必要で，金融機関の同意を取り付けたうえで，会社分割等を実行するということです。手続き的には，上記の通達があることで，金融機関としても取り組みやすいということがあるとは思いますが，計画の内容はあくまでも「合理的な再建計画」のレベルを要求していると考えてください。

もう1つ，金融機関にとっては，税務上の問題だけが原因ではなく，直接放棄を回避する傾向があると感じています。同じ計画に基づいて債権放棄を要請しているのに，直接放棄では行いにくく，第二会社方式なら行いやすいというのはわかりにくいかもしれません。ただ，金融機関によっては，他の取引先か

らもこうした支援要請が続いて出てしまうのではないかといういわゆるモラルハザードに対する警戒感があるとは感じます。

私は，中小企業の事業再生において，債権放棄をするときは基本的には第二会社方式によるべきであると考えています。税務上の理由だけでなく，それ以外にも第二会社方式によるべきと考える理由の１つは，中小企業の簿外債務の存在です。

中小企業では，上場企業のような会計監査を受けることはまずありませんし，その経営管理体制も決して盤石ではありません。再生計画を策定するときには，財務デューデリジェンスといって，公認会計士などによる財務内容の詳細な調査を行いますが，この調査ですべてが判明するわけではありません。経営者も忘れているような債務や保証債務などがあるかもしれないと常に考えていたほうがよいと思います。再生計画に賛成してもらい，金融機関が債権放棄まで終わった後になって簿外債務が発覚したケースを実際に経験しました。どれほど注意して調査してもこういうことは起こると考えておいたほうがよいでしょう。

もう１つの理由は，こちらはどちらかというと技術的な問題なのかもしれませんが，信用保証協会の制度融資の問題です。中小企業の事業再生に取り組むと，ほぼすべての案件で信用保証協会が保証している借入金があります。信用保証協会とは中小企業･小規模事業者が事業資金を調達する際に，保証人となって金融機関から融資を受けやすくなるようサポートしてくれる公的な機関です。この保証付き融資では，金融機関への返済が滞ったときに，借主である中小企業・小規模事業者に代わって信用保証協会が金融機関に「立替え払い」をしてくれるのです。このような仕組みがあることで，金融機関との取引が浅い中小企業・小規模事業者であっても円滑に資金調達ができるようになっているわけです。あまり馴染みのない方もいるかもしれませんが，この信用保証協会という組織は，事業再生・経営改善に対して非常に前向きです。様々な相談に応じてくれますので，とても身近な存在だと認識してもらえればよいと思います。

この信用保証協会は，法人税法上の公益法人等に該当しますので，基本的には寄附金課税の問題はないのですが，公的な機関であるがゆえに，直接の債権放棄には慎重にならざるを得ないケースがあるのです。また，保証協会の保証の中には，地方公共団体が損失補償をしているケースがあります。制度融資などといわれるものですが，この地方公共団体の損失補償があると，直接放棄をするには，議会の承認が必要となることがあるのです。私的整理は基本的に水面下で行いますから，議会で会社名をオープンにして議論されてしまうとすべてが台無しになってしまう恐れがあるのです。

逆に，第二会社方式にもデメリットと考えられるものがあります。1つは，会社設立や新会社への移転のためのコストの問題があります。特に移転コストは問題となることが多く，その中でも不動産の移転を伴う場合には，一定のコストが発生することは避けられません。

また，上場企業と取引をしていて，取引口座を守るためには新会社にすることはできないとか，特別清算をする時に社名が出てしまうので第二会社方式はできないなどという話も耳にします。何を優先するのかということを関係者でよく話し合い判断していく話ではありますが，工夫の余地は十分にあると思いますので，それでも私は第二会社方式をお勧めします。

Q14　第二会社方式を選ぶ理由とは

当社は，事業再生計画を策定し取引金融機関から債権放棄を受けることができそうです。ところが，当社の顧問税理士から，債権放棄によって発生する債務免除益に足りるだけの欠損金がないと言われています。計画策定に関与したコンサルタントからは，第二会社方式にすれば欠損金の心配はいらないのではないかとのアドバイスがありました。第二会社方式であれば，欠損金がなくても債務免除益課税に対応できるのでしょうか。

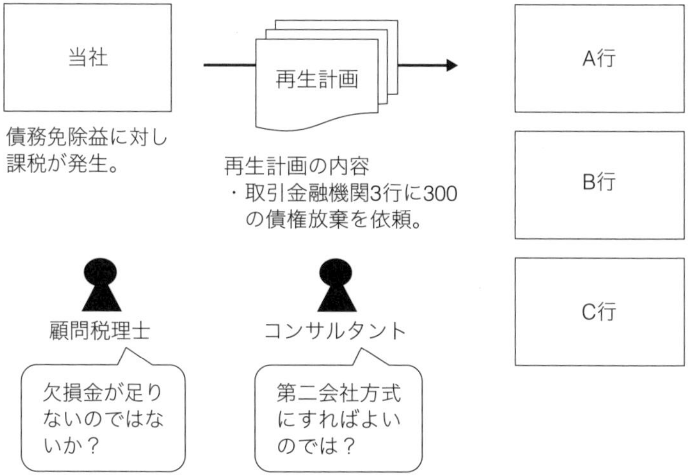

A

第二会社方式では，新会社へ事業全体を譲渡した時に資産の含み損が実現するので，債務免除益課税に対応できることがあります。

事業再生の局面に至る会社の場合，資産の含み損が発生しているケースは非常に多くあります。例えば，工場や旅館の建物などで適切に減価償却を行わず，不動産鑑定を依頼してみると評価額は簿価を大きく下回っていて，多額の含み損が発生しているなんてことはよくあります。また，在庫が大量にあるけれど，今つけている値段はおろか，簿価でも売却することができないようなケースも多くあります。このような場合でも，第二会社方式により新会社へ事業全体を移転させるときには，原則として，すべての資産が時価で譲渡されることになります。自動的になるわけではなくて，時価で譲渡されるように設計します。つまり，事業譲渡のときはともかく，会社分割のときであっても「非適格の組織再編」を行うということです。「非適格」というと何か良くないことをするかのような印象を持つかもしれませんが，法人税法上の規定ではこちらが原則的な考え方なのです。

法人税法では，会社分割があって資産や負債が移転した場合には，時価による譲渡があったものとして考えます。ただし，それが適格組織再編にあたるものであれば，その譲渡損益が繰延べになるという規定になっています。

なぜこのような制度ができたのでしょうか。例えば，たくさんのグループ会社を持つ大企業をイメージしてみてください。この大企業が事業の効率化のためにグループ会社の再編を行おうと考えたときに，合併や会社分割がすべて時価取引になってしまうと，含み益がある資産について利益が確定してしまい，税金の問題が発生してしまいます。これでは，グループ企業の再編に躊躇してしまうケースも出てくるでしょう。つまり，税務がこれらの妨げにならないよう設計されたのが，適格組織再編です。基本的には，グループ全体としての実態が変わらないのであれば，課税を繰り延べるという制度となっています。

このように，適格組織再編とされるのは，会社の株主が変わらない，つまり支配が継続しているというのが基本的な考え方です。第二会社方式の場合には，株主責任とガバナンスの問題などからこれまでの株主が新会社でも引き続き株主となることはあまりありませんから，通常は非適格組織分割になるのです。

少し細かい説明になりましたが，時価で譲渡されるということは，譲渡する側（旧会社）では，譲渡損として含み損が実現することになります。これを債務免除益にあてればいいということです。下の図を見てください。

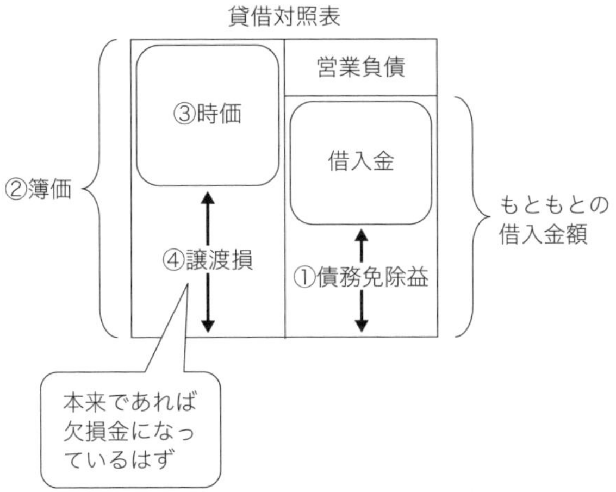

まず，債権放棄によって，①債務免除益が発生することになりました。ところが，②簿価が高いので欠損金がなかったわけです。ただし，債務内容を精査したところ，③時価ベースでは含み損がかなりあることがわかったので，第二会社方式でこの資産を新会社に移せば，④譲渡損が実現し，①債務免除益に対応することができるということです。

もちろん，**Q11**で紹介しているとおり，第二会社方式にしなくても，直接放棄でも評価損を計上できるケースはあります。

含み損が実現するということは理解してもらえたかと思いますが，直接放棄に代えて第二会社方式が用いられる理由の1つが，この中小企業に十分な欠損金がないという問題です。図の中でも，④譲渡損の部分は，減価償却が不十分であったり，滞留在庫の評価をそのままとしていたりすることで，本来発生していたはずの欠損金を発生させていないことから含み損となっています。なぜこのような会計処理を行うのでしょうか。私が見てきたケースでは，そのほとんどが，取引金融機関に自社の決算を少しでもよく見せるために行われていました。なぜかというと，経営者が「利益が出ていないと融資を継続してもらえない」と考えているからです。

しかし，この考え方はおかしいと思いませんか。商売，事業ですから，良いときもあれば悪いときもある，毎期必ず利益が出るわけがないのです。特に中小企業を取り巻く環境は厳しいことの方が多いと思います。赤字が出たときはそれを隠すのではなくて，なぜそのような赤字が出たのか，また黒字化するにはどのような手を打ったらいいのだろうか，ということを考えることが何より重要なはずです。金融機関への返済が苦しくなっているのであれば，苦しいと相談することが必要です。ところが，現実的には，多くの企業が安易な方法に走ってしまい，うまく融資を受けられたら喉元を過ぎてしまうのです。これは，取引をしている金融機関にも問題があると考えています。忙しくて，中小企業のこうした相談になかなか丁寧に応じていられないのではないのでしょうか。

私は，これではお互いに不幸だと思っています。お互いが疑心暗鬼になってしまい本当のことを言えなくなっています。これを改善する方法は決まっていて，企業の側から，日頃から，つまり事業が悪くなる前から，自社の事業を金融機関に説明し，理解をしてもらうのです。悪くなった時に急に「実は・・・」というのではなく，何ら問題のないタイミングからしっかりと説明を続けるのです。Q26でも説明しますが，顧問税理士などと一緒に事業計画を作ってメインバンクに見てもらうのが一番良いと思います。毎年決算が出たら，決算内容を金融機関に説明し，事業計画の達成状況とともに報告するのです。普段からこのようなコミュニケーションを取っておくことで，事業がうまく行かなかったときにも堂々と相談できるのだと思います。

中小企業の欠損金が足りないという問題は，時間はかかりますが，このようにして解決を図るしかないように思います。

Q15 スポンサー支援型の第二会社方式

当社では，取引金融機関に第二会社方式による実質的な債権放棄をしてもらうべく，事業再生計画を策定しています。ところが，どうにも自力での再生が難しく，外部のスポンサーに事業を引き継ぐ前提で，スポンサー先を探すこととなりました。候補は数社出てきていますので，この中から絞り込んでいくところですが，スポンサー支援型の第二会社方式の場合，税務上の留意点はありますか。

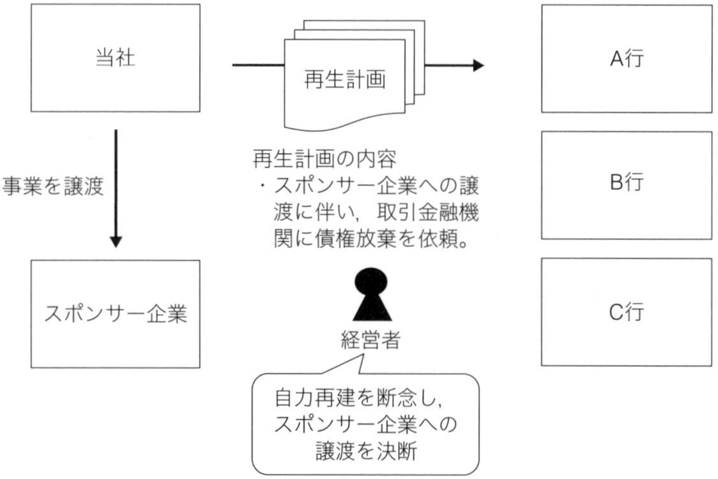

A

第二会社方式の計画において発生する税務上の論点は自力再建型の場合と同様ですが，スポンサー企業が関与することから，事業再生計画書の項目が異なることがあります。

再生支援協議会の案件でも，スポンサーに支援を求め事業を譲渡するケースが増えてきています。以下の図を見てください。

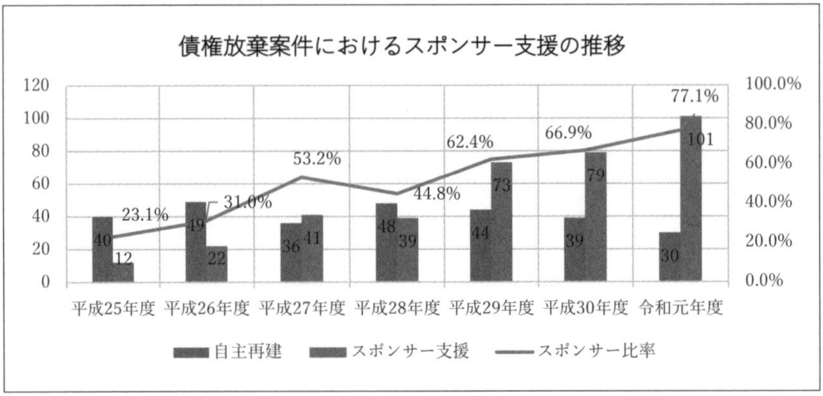

（令和元年度に認定支援機関が実施した中小企業再生支援業務（事業引継ぎ分を除く）に関する事業評価報告書（令和2年10月14日　独立行政法人中小企業基盤整備機構））

このグラフは，再生支援協議会が計画策定に関与した案件のうち，債権放棄を伴う案件について調査した結果です。令和元年度における債権放棄案件では，101件のスポンサー支援案件があったのに対して，自主再建は30件にとどまっていることがわかります。自主再建とスポンサー支援の件数の推移を見ると，スポンサー支援の割合は，平成28年度に一時的に落ち込んだものの，その後増加傾向にあり令和元年度では77.1%にも及んでいます。平成25年度におけるスポンサー支援の案件の割合が23.1%であったことを考えると，自主再建とスポンサー支援の割合は，この間に逆転してしまっているといえると思います。

自主再建が減少している要因として，この報告書の中では，経営者の高齢化や後継者難の問題，それから金融機関がスポンサー支援を求める傾向があることが指摘されています。企業と金融機関，双方の都合でスポンサー支援の案件が増えているということであれば，きっとこの傾向はしばらくは続くことになるでしょう。

では，スポンサー支援の場合の留意点を見ていきます。

第二会社方式の説明としては，Q13にて自力再建型の第二会社方式を説明しました。これに対して，スポンサー型の多くは以下のようなスキームになります。

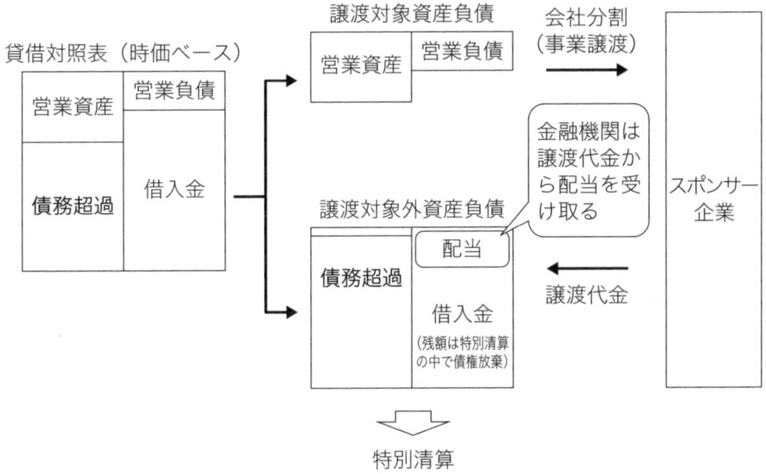

自力再建型との違いは，譲り受けた事業の対価をスポンサー企業が一括で支払い，債権者である金融機関は，その一部を配当として一括で受け取るところです。自力再生の場合には，事業価値相当の借入金を引き継ぐと説明しましたので，この部分が大きく異なります。債権放棄の方法は，旧会社の特別清算（または破産）の中で実質的に放棄をするということで自力再建の場合と同様です。つまり，取引金融機関は，譲渡代金の一部を配当として受け取り，残額は放棄するので取引自体が終わってしまうことになります。

このようなスキームを前提として考えると，自力再建型とスポンサー型では，事業再生計画の項目が少し異なってきます。具体的には，事業再生計画書の中に，新会社の事業計画が入ってこないのです。自力再建型の場合には，引き継いだ借入金をどうやって返済していくかを説明するためにも，新会社における事業計画は必須でした。ところが，スポンサー支援型では，債権者は譲渡対価の中から一括で配当を受け取ることになるので，新会社の事業計画は必要ありませんし，スポンサー企業としても見せる義理はありません。関係者は，譲渡対価および配当額が妥当かどうかを判断するだけになります。

事業計画がないことで，事業価値の計算ができないと心配するかもしれません。事業価値の計算をしないと資産調整勘定の償却が認められないかもしれないという話は**Q16**でしていますのでそちらも参照してください。ところが，このケースでは，資産調整勘定の償却の問題はあくまでスポンサー側の問題です。スポンサー企業がしっかりと事業価値計算をしておけばよいということになります。

のれんに関していうと，スポンサー支援型の場合「負ののれん」の問題が発生することがあります。自主再建型の場合はほとんどないのですが，スポンサー支援型の場合は，時折起こります。

負ののれんが発生するということは，資産価値よりも配当が少ないということです。これでは，さすがに債権者が反対するのではないかと思うかもしれませんが，実務では必ずしもそうはなりません。なぜこのようなことが起こるかというと，事業再生では，「清算価値保障原則」といって，破産手続きによる配当率（清算配当率）を上回る配当を行うことが必要であるという原則があります。つまり，破産したときの配当が非保全額に対して５％あるとしたら，事業再生計画における配当はこれを上回る，例えば10%などとならなければならないということです。自力再建が困難な中小企業の場合，事業の対価は相当低くなります。清算価値保障原則は満たさなければなりませんが，ぎりぎり上回る程度だったりすることも多くあります。以下の図を見てください。

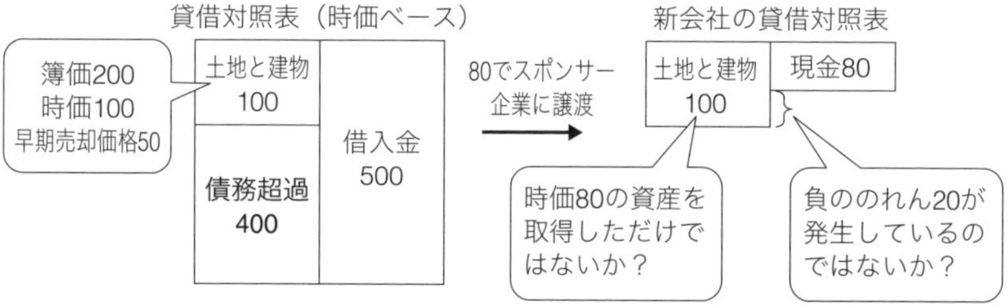

例として，旅館業の貸借対照表を考えてみます。わかりやすくするために資産は旅館の建物と土地しかないとしましょう。また，負債はすべて金融機関からの借入金だったとします。また，土地建物の簿価が200，時価は100，さらに早期処分価格が50だったとしましょう。そうすると，債務超過額は400となります。時間をかければ時価100に近い価格で買い手が出てくるかもしれないが，破産に至ったら，早期処分価格50でしか買い手は出てこないというふうに理解してください。ここで，スポンサーが出してきた価格が80とします。そうなると，早期処分価格50は上回っているので，清算価値保障原則は満たしているのですが，新会社でのバランスシートを考えると負ののれんが発生してしまうように見えるのです。しかし，これは仕方がないことだと考えます。新会社における取得価額は80ですから，新会社では時価80の資産を取得しただけという考え方ができます。時間をかけてスポンサーを探せば100で買うというところが出てくるかもしれませんが，結局出てこないかもしれない，そういう話です。最終的に債権者がどう判断するかにはなりますが，このようなケースは決して少なくないのです。

スポンサー支援型の第二会社方式で進めていた案件で次のようなことがありました。ある案件で，不動産取得税の非課税の要件について疑義があるとされたのです。少々細かい話になりますが，不動産取得税とは，不動産が移転した場合，その不動産を取得した者が支払うことになる地方税で，固定資産税評価額の４％（土地と住宅用家屋の場合は３％）が課税されます。この不動産取得税には，非課税の規定があって，その要件は以下のようなものです。

① 分割対価資産として，分割承継法人の株式以外の資産が交付されないこと

② 当該分割により分割事業にかかる主要な資産及び負債が分割承継法人に移転していること

③ 当該分割に係る分割事業が分割承継法人において当該分割後に引き続き営まれることが見込まれていること

④ 当該分割の直前の分割事業に係る従業者のうち，その総数のおおむね100分の80以上に相当する数の者が当該分割後に分割承継法人に従事することが見込まれていること

（分社型分割を前提としています。①の要件を満たすため対価が現金とはなっていませんでした）

少し難しい内容になっていますが，課税当局から指摘を受けた内容は，②の「当該分割により分割事業にかかる主要な資産及び負債が分割承継法人に移転していること」という要件を満たしていないのではないかというものでした。新会社で事業を行ううえで必要な資産と負債は引き継ぎますので，こちらは「主要な資産および負債」は引き継がれているという認識でしたが，指摘された内容は，「これほど多額にある借入金を引き継いでいないので主要な負債は引き継がれていないといえるのではないか」ということでした。借入金というのは，あくまでも資金調達の方法の話であって，事業に必須の負債ではないということで最終的には収まったのですが，第二会社方式の場合には，様々な税の問題が生じ得るということを実感した案件でした。

Q16 第二会社方式とDDSは相性が悪い

当社は，事業再生計画を策定し，取引金融機関に対して第二会社方式による実質的な債権放棄を要請したところ，一部の金融機関から，債権放棄はできないがDDSによる支援であれば可能との返事をもらいました。これを受けて，計画を修正するところですが，第二会社方式による実質的な債権放棄とDDSによる支援が同時に行われる再生計画において，なにか税務上の問題は発生しますか。

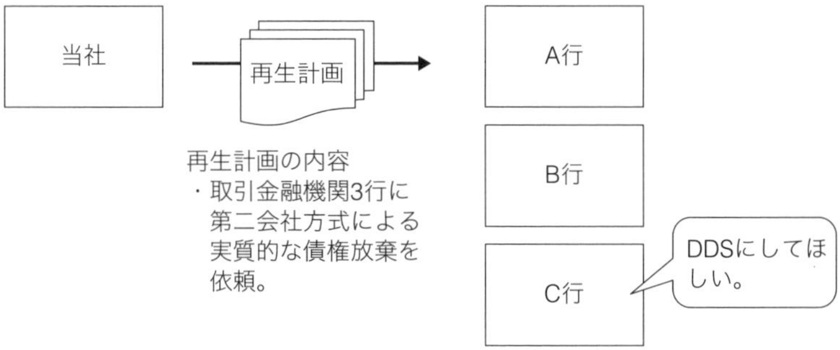

A

第二会社方式とDDSを併用した場合には，新会社でのれんの償却が認められない可能性があります。

Q20においてDDSの説明をしているので，DDSについてはそちらの説明を先に読んでもらう方が理解が進むと思います。

そのうえで，この問題を理解するためには，まずは会社分割や事業譲渡が行われた場合の資産調整勘定の考え方を理解しなければなりません。会社分割や事業譲渡が行われると，新会社側では，その譲渡対価が受け入れる純資産価額を上回る部分をのれんとして評価することになります。図で見たほうがわかりやすいので，以下の図を見てください。

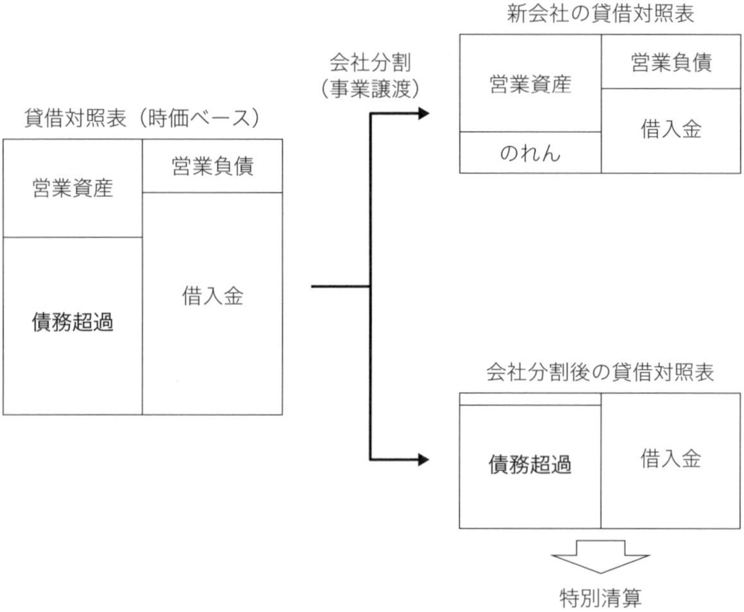

これは，Q13でも見た第二会社方式の図です。右上の箱が新会社における受入れの仕訳です。この受入仕訳だけを少し詳しく見てみましょう。

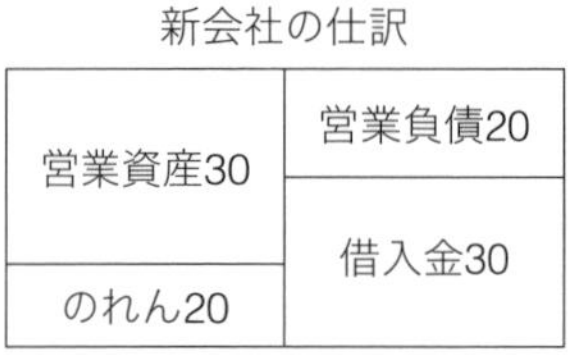

営業資産が30あり，営業負債が20ある事業を30（現金を支払うことに変え

て借入金を引き継いだと考えてください）で購入したとします。営業資産と営業負債の差額（30－20＝10）が帳簿上の価値ですが，実際にはこの事業にはもっと価値があると判断して，30で購入したということです。そうすると，資産側に差額（30－10＝20）が出ますが，これがのれんということになります。

税務上は，こののれんを「資産調整勘定」と呼びます。

この資産調整勘定を償却していくわけですが，少し注意が必要です。まず，資産調整勘定の金額の計算の仕組みとして，移転する資産負債と，対価が等価のものとして成り立っていることを前提としています。どういうことかというと，先程の例だと「事業の価値」と「対価30」が一致しているということです。「帳簿価格10」とは一致していませんでした。しかし，事業としては，30を支払う価値があるといえるかどうかということになります。では，事業の価値はどのように計算するのでしょうか。一般的には，事業により見込まれる収益の額を基礎として合理的に見積もる方法として，いわゆるDCF（ディスカウントキャッシュフロー）法などがこれに該当します。

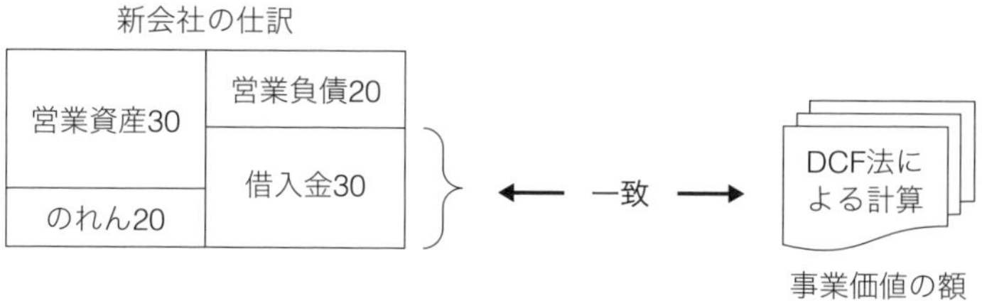

つまり，上図のように事業価値とその対価が一致しているときにはじめて，のれん20の償却が認められるということになります。DCF法とは，将来事業から生み出されるキャッシュを現在の価値に引き直して計算する方法です。計算の基になる将来得られるキャッシュフローは事業計画で示されることになります。少しイメージしにくいかもしれませんが，DCF法を解説する本はたくさん刊行されていますので，興味のある方は勉強してください。

ここで計上されているのれん20は，５年間（60か月）で強制的に償却されることになります。強制的にという意味は，仮に会社が費用として計上しなくても，税金の計算では損金とするということです。

事業価値と対価が一致しているときにのれんの償却を認め，かつ５年間で強制的に償却をするということは，今後５年間で20の利益が出るかどうかの検証をされているようなものだと考えてください。例えば，ほとんど利益が出なくて，のれんの償却部分は大半が繰越欠損金になってしまえば，旧会社の欠損金がのれんを経て新会社の欠損金となっているだけで，とても事業価値と対価が一致していたとはいえないといわれてしまうことになると思います。相応の緊張感を持って，事業計画を立て，事業価値を計算する必要があります。

ようやく，本設問の話に戻ってきましたが，DDSを併用した場合にこの償却ができるかどうかが問題になるということになります。先程，資産調整勘定の計算の仕組みは，事業価値と対価が等価となっていることが前提といいました。では，第二会社方式とDDSを組み合わせた場合の図を見てみましょう。

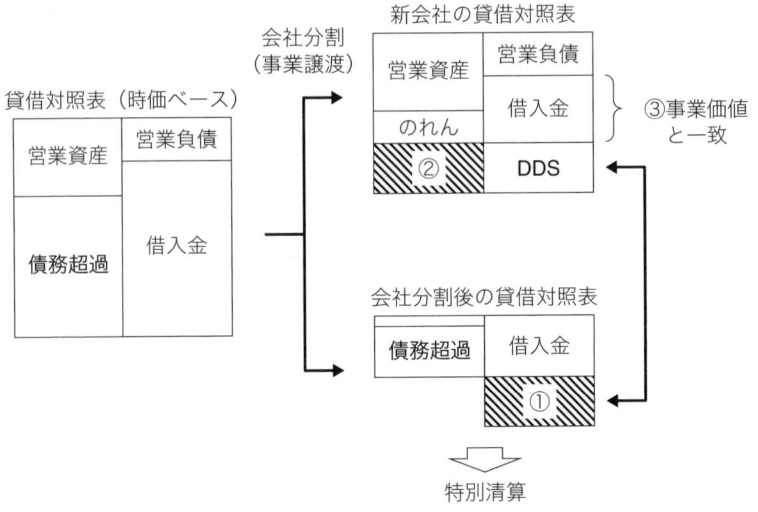

先程の第二会社方式の図と比べると，まず①の部分が違います。なぜかというと，債権放棄ではなくDDSを行うことにしたため，その分の借入金が新会社の方へ移転しているのです。その後，新会社ではDDSが行われ，DDS部分を資本とみなした場合には，通常の第二会社方式と大差ないように見えます。ところが，新会社の貸借対照表をみてください。②の部分です。DDSの相手勘定として計上されている部分は，資産調整勘定といえるのでしょうか。事業価値と一致しているのはあくまでも③の部分までです。②はそれをはみ出してしまっています。つまり，事業価値と対価が一致していないということです。金融支援策として多く用いられているDDSですが，税法上はあくまでも借入金となるため，このような結果となってしまうのです。旧会社の欠損金で事業価値を超えて引き継いだ部分が新会社に移った途端，のれんとして償却可能になるようなことはありません。

②の部分が償却できそうにないということは，理解できたと思いますが，では，②を償却さえしなければ，このスキームは問題がないといえるのでしょうか。私はちょっと違うと考えます。償却できない部分を引き継ぐということは，返せない借入金を引き継ぐということです。単にのれんの償却をするしないということではなく，劣後化されているとはいえ実力よりも過大な債務の引受けをしたということに変わりはありません。第二会社方式というのは，抜本的な支援を受けて新しい会社でリフレッシュスタートを切るというスキームですから，DDSにはなじまないと考えたほうがよいのではないかと考えます。

Q17 子会社向け貸付金の処理

業績の悪化した子会社向けの貸付金について，回収が難しそうなので，税務上のメリットを考えて貸倒損失として処理することを検討しています。子会社を特別清算をすれば，子会社向け債権も処理できると聞いたので，以下のようなスキームで，子会社向け貸付金を貸倒損失として処理する予定です。税務上何か留意する点はありますか。

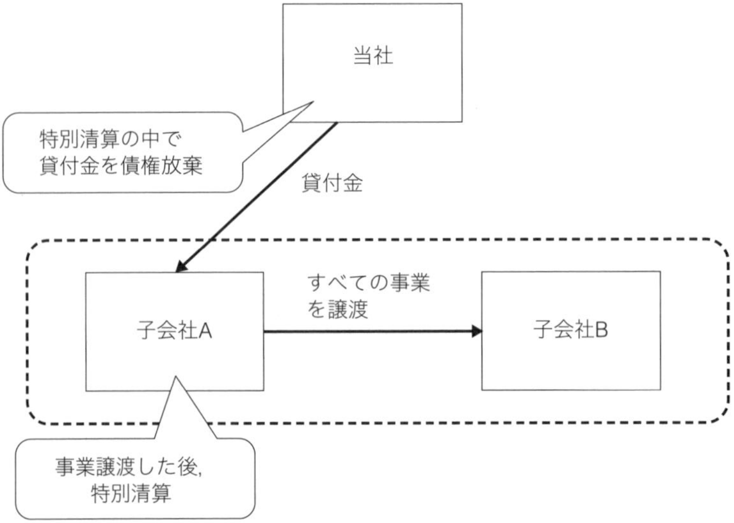

A

子会社向け貸付金を処理することだけを目途として行うのであれば，恣意的な行為として，貸倒損失とした金額が損金として認められない可能性があります。

Q13において，第二会社方式を使って債権放棄をした場合には，金融機関の債権放棄は，特別清算の手続きの中で形式的に処理されると説明しました。まずは通達を再度確認してみましょう。

> **（金銭債権の全部又は一部の切捨てをした場合の貸倒れ）**
> 9－6－1　法人の有する金銭債権について次に掲げる事実が発生した場合には，その金銭債権の額のうち次に掲げる金額は，その事実の発生した日の属する事業年度において貸倒れとして損金の額に算入する。
> (1)　略
> (2)　特別清算に係る協定の認可の決定があった場合において，この決定により切り捨てられることとなった部分の金額
> (3)　以下略

通達によると，「特別清算に係る協定の認可決定があった場合において，この決定により切り捨てられることとなった部分の金額」は，その事業年度において貸倒損失として処理できるとされています。しかしそれは，単純な形式判断がされるということではないと考えたほうがよいでしょう。

この点が論点となって裁判で争われたケースがあります。東京高等裁判所が平成29年7月29日に判決を出した以下の事例では，子会社に対する債権放棄が，貸倒損失となるか，寄附金となるかが争われました。若干複雑ですが，次の図を見てください。

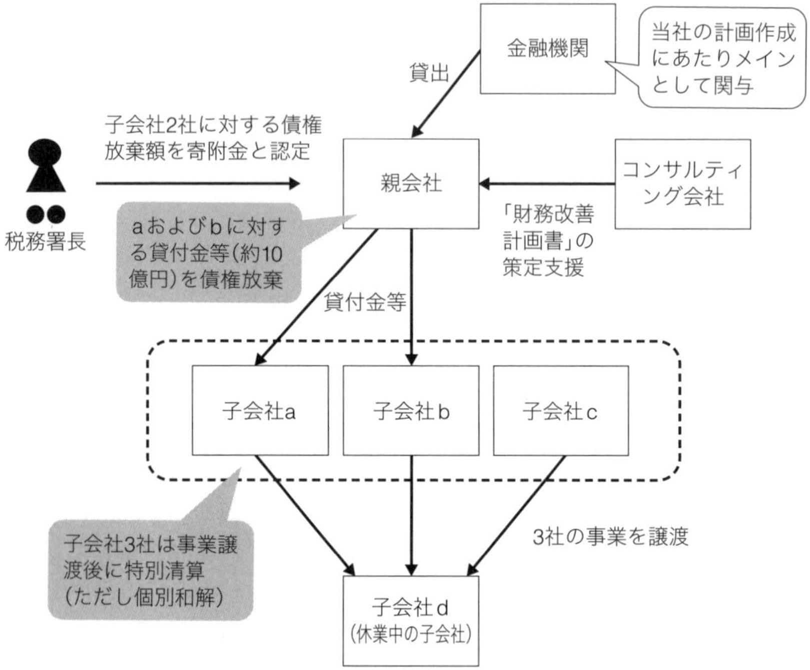

親会社は，子会社ａおよび子会社ｂに対して，総額で約10億の債権を有していました。このとき，グループ全体の財務状態が悪化していたようで，メインバンクは親会社に対し，財務面において債務超過および過剰債務の解消を目指し，グループ再編や収益力の強化を目的とした計画策定を要請しました。そうした要請を受けた親会社では，子会社３社の事業を別の子会社に譲渡し，これらの子会社は特別清算により整理する計画を策定しました。この計画では，親会社が子会社向けに有する債権約10億円を貸倒損失として処理する内容となっていました。メインバンクからは，これではすべての事業が残ることになり，事業がリストラされたとはいえないのではないかなどという意見が出ていたようですが，最終的には，メインバンク以外の金融機関にもこの計画を提示し，了承を得ていたようです。これに対し，国税当局は，この債権放棄は子会社に対する寄附金にあたり，損金の額に算入することができないと認定しまし

た。その理由は以下のとおりでした。

まず，本件では，特別清算の手続きの中で協定の認可決定を得ずに，個別和解により債権放棄をしていたことが挙げられています。原告側は「対税型の特別清算」という表現を使って，債権者が親会社のみであることから，協定の認可ではなく，個別和解により債権を消滅させることは，実務上定着しているという説明をしました。しかし，裁判所は特別清算の手続きにおける金銭債権の消滅事由について，「特別清算に係る協定の認可の決定があった場合」に限定して，貸倒損失として損金の額に算入するとしてその主張を認めませんでした。

また，原告は，子会社を整理するのは，メインバンクから強い要請があったためで，これを行わない場合には，親会社自体が今後より大きな損失を被る可能性があるので，やむを得ず行ったと主張しました。では，この主張に関連して，次の通達も確認しておきましょう。

(子会社等を整理する場合の損失負担等)

9－4－1　法人がその子会社等の解散，経営権の譲渡等に伴い当該子会社等のために債務の引受けその他の損失負担又は債権放棄等（以下9－4－1において「損失負担等」という。）をした場合において，その損失負担等をしなければ今後より大きな損失を蒙ることになることが社会通念上明らかであると認められるためやむを得ずその損失負担等をするに至った等そのことについて相当な理由があると認められるときは，その損失負担等により供与する経済的利益の額は，寄附金の額に該当しないものとする。

(注)　子会社等には，当該法人と資本関係を有する者のほか，取引関係，人的関係，資金関係等において事業関連性を有する者が含まれる（以下9－4－2において同じ。）。

原告の主張の1つは，この通達に照らして，やむを得ず損失負担をしたので寄附金とはならないというものでした。この通達は，先に見た法人税基本通達9－4－2と同様に，子会社等に対して債務免除をする場合に，それがやむを得ず行われるものであるのであれば，寄附金課税の対象とはならないという内容です。法人税基本通達９－４－２では，「合理的な再建計画」が求められていましたが，この法人税基本通達９－４－１では，子会社等を整理するのが前提のため，「合理的な整理計画」が求められることになります。

では，「合理的な整理計画」とはどのようなものでしょうか。何度目かになりますが，次の質疑応答事例を確認しましょう。

> 合理的な整理計画又は再建計画とは
>
> 【照会要旨】
>
> 子会社等を整理又は再建する場合の損失負担等が経済合理性を有しているか否かはどのように検討するのでしょうか（合理的な整理計画又は再建計画とはどのようなものをいうのでしょうか。）。
>
> 【回答要旨】
>
> 子会社等を整理又は再建する場合の損失負担等については，その損失負担等に経済合理性がある場合には寄附金に該当しませんが，この経済合理性を有しているか否かの判断は，次のような点について，総合的に検討することとなります。
>
> ①　損失負担等を受ける者は，「子会社等」に該当するか。
>
> ②　子会社等は経営危機に陥っているか（倒産の危機にあるか）。
>
> ③　損失負担等を行うことは相当か（支援者にとって相当な理由はあるか）。
>
> ④　損失負担等の額（支援額）は合理的であるか（過剰支援になっていないか）。
>
> ⑤　整理・再建管理はなされているか（その後の子会社等の立ち直り状況に応じて支援額を見直すこととされているか）。
>
> ⑥　損失負担等をする支援者の範囲は相当であるか（特定の債権者等が意図的に加わっていないなどの恣意性がないか）。
>
> ⑦　損失負担等の額の割合は合理的であるか（特定の債権者だけが不当に負担を重くし又は免れていないか）。
>
> （注）　子会社等を整理する場合の損失負担等（法人税基本通達９－４－１）の経済合理性の判断の留意点
>
> ・　上記②については，倒産の危機に至らないまでも経営成績が悪いなど，放置した場合には今後より大きな損失を蒙ることが社会通念上明らかであるかどうかを検討することになります。

・　上記⑤については，子会社等の整理の場合には，一般的にその必要はありませんが，整理に長期間を要するときは，その整理計画の実施状況の管理を行うこととしているかどうかを検討することになります。

Q6の直接放棄において説明しましたが，合理的な計画になっているかどうかという点は，さらに細かく検討が必要になります。国税庁のウェブサイトでは，「子会社等を整理・再建する場合の損失負担等」という表題で，28の質疑応答事例が掲載されています。これらに照らし，合理的な計画になっているかどうかを判断していくことになります。これだけ判断しなければならないことがたくさんあると，これだ，という結論を出すのは現実的には難しいのではないかと感じています。実務では，計画書など関係書類を持って，国税当局に事前照会をかけるということで解決してきました。

さらに，今回の事例で裁判所は，2社の子会社は一定の売上げを上げており，計画上の人件費の削減などにより財務改善が見込まれている点などから，そもそも債権放棄が必要な経営危機状態にないと判断しています。経営危機の状況にあるかどうかという基本的な部分から，噛み合っていないということです。

この事例では，個別和解ではなく，協定の認可決定を受けていれば，違う判断になった可能性もあったのかもしれません。しかし，この事例の本質的なところは，実態として法人税基本通達9－4－1の要件を満たす「合理的な整理計画」といえるかどうかというところにあったと思われます。さらには，事業を再生をするには何をしなければならないのかという部分がしっかりと議論されていたかどうかが気になります。判決文からすると，グループ全体として何らかの事業改善が必要な状況にあるようにも思えましたので，そうであれば，子会社向け債権の処理だけでなく，取引金融機関に対して，踏み込んだ支援を求める計画を作るべきだったのかもしれません。

特別清算を使えば，形式的に貸倒損失を計上できるというようなレベルの話ではなく，事業の改善を考えるのであれば，本質的にどうすれば事業が再生し，財務の問題に煩わされることなく事業に注力できるようになるのか，そのためには何をしなければならなかいのかというところからはじめなければならなかった案件だということだと思います。

Q18 第二会社方式と滞納税金

当社は多額の滞納税金があり苦慮しているのですが，あるコンサルタントに相談したところ，第二会社方式を使えば，滞納している税金を支払わなくてもよくなるといわれました。具体的には，妻などの名義で新しく会社を設立して，その会社に事業のすべてを移し，今の会社は破産させればよいとのことでした。しかし，本当にそのようなことが可能なのでしょうか。

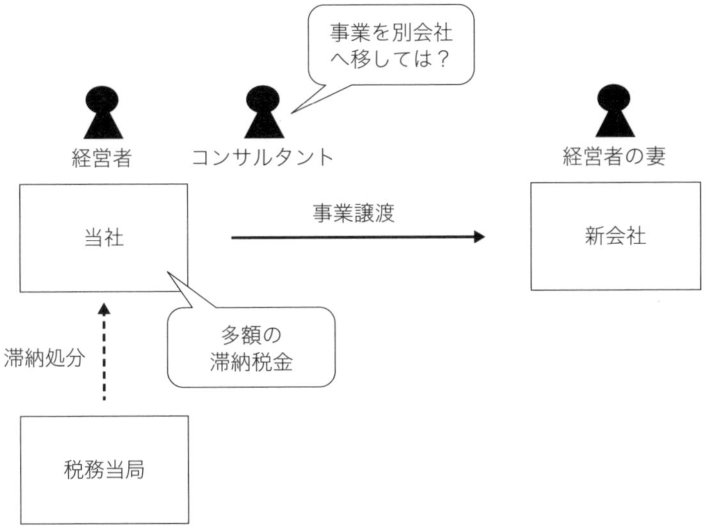

A

国税徴収法に，事業を譲り受けた特殊関係者の第二次納税義務という規定があり，本設問のようなケースでは，事業を譲り受けた会社で納税が必要になると思われます。

税金を滞納をしている会社が，その事業を親族などが設立した会社に譲渡して，税金の支払いを免れる一方で，事業を継続させるという例があります。しかし，本設問のようなことが許されるはずもなく，国税徴収法という法律の中では，事業を譲り受けた者に対して納税の義務を課す第二次納税義務の規定が整備されています。では，「事業を譲り受けた特殊関係者の第二次納税義務」について見ていきましょう。まずは，法律の条文からです。

（事業を譲り受けた特殊関係者の第二次納税義務）
第38条　納税者が生計を一にする親族その他納税者と特殊な関係のある個人又は被支配会社（当該納税者を判定の基礎となる株主又は社員として選定した場合に法人税法第67条第２項（特定同族会社の特別税率）に規定する会社に該当する会社をいい，これに類する法人を含む。）で政令で定めるものに事業を譲渡し，かつ，その譲受人が同一又は類似の事業を営んでいる場合において，その納税者が当該事業に係る国税を滞納し，その国税につき滞納処分を執行してもなおその徴収すべき額に不足すると認められるときは，その譲受人は，譲受財産の価額の限度において，その滞納に係る国税の第二次納税義務を負う。ただし，その譲渡が滞納に係る国税の法定納期限より１年以上前にされている場合は，この限りでない。

この法律の適用がある場合を整理すると，以下のような要件を満たすときということになります。

・　納税者がその事業を，生計を一にする親族その他の特殊関係者などに譲渡したこと
・　その事業譲渡が，租税の法定納期限の１年前の日より後に行われたこと
・　事業の譲受人が，同一または類似の事業を営んでいること
・　納税者が，譲渡した事業にかかる租税を滞納していること
・　納税者の財産につき滞納処分を執行しても，なお徴収すべき租税に不足すること

つまり，譲渡をした者と譲り受けた者が非常に親しい関係にあって，かつ外

形的にも同じ事業を続けている場合に，第二次的に譲り受けた者が譲渡をした者の納税義務を負うということです。譲り受けた者については，「政令で定めるもの」とあるので，こちらも確認しておきましょう。

（納税者の特殊関係者の範囲）
第13条　法第38条本文（事業を譲り受けた特殊関係者の第二次納税義務）に規定する生計を一にする親族その他納税者と特殊な関係のある個人又は被支配会社で政令で定めるものは，次に掲げる者とする。
一　納税者の配偶者（婚姻の届出をしていないが，事実上婚姻関係と同様の事情にある者を含む。次条第２項第１号において同じ。）その他の親族で，納税者と生計を一にし，又は納税者から受ける金銭その他の財産により生計を維持しているもの
二　前号に掲げる者以外の納税者の使用人その他の個人で，納税者から受ける特別の金銭その他の財産により生計を維持しているもの
三　納税者に特別の金銭その他の財産を提供してその生計を維持させている個人（第一号に掲げる者を除く。）
四　納税者が法人税法（昭和40年法律第34号）第67条第２項（特定同族会社の特別税率）に規定する会社に該当する会社（以下この項において「被支配会社」という。）である場合には，その判定の基礎となつた株主又は社員である個人及びその者と前３号のいずれかに該当する関係がある個人
五　納税者を判定の基礎として被支配会社に該当する会社
六　納税者が被支配会社である場合において，その判定の基礎となつた株主又は社員（これらの者と第１号から第３号までに該当する関係がある個人及びこれらの者を判定の基礎として被支配会社に該当する他の会社を含む。）の全部又は一部を判定の基礎として被支配会社に該当する他の会社
２　法第38条の規定を適用する場合において，前項各号に掲げる者であるかどうかの判定は，納税者がその事業を譲渡した時の現況による。

１号にある配偶者や親族などだけでなく，従業員やグループ会社まで，幅広い関係者が対象になっていることがわかります。ところで，この条文は平成28年度の税制改正で一部が改正されています。税制改正の前は要件がさらに

厳しく，「生計一」でない親族も対象となっていました。ですから，例えば，別の会社を経営している経営者の弟が，「じゃあ，取引先や従業員の問題もあるし，事業を引き受けるよ」と申し出て事業を譲り受けたようなケースでも第二次納税義務が課されることがあり得ました。どうやら対象が広すぎるということで改正に至ったようです。

では，本設問の場合，経営者の妻の会社では，いくらまで税金を負担しなければならないのでしょうか。条文では，「譲受財産の価額の限度において」とあります。譲り受けたといってもただで貰ったわけではなく，対価を支払っているとしたら，そのうえさらに税金を負担するということになります。

また，事業を譲り受けるときには，資産だけではなく，債務などの負債も引き取りますが，その場合の限度額はどうなるのでしょうか。さらには，債務超過の状態で引き取るケースも考えられます。この点については，法律では「譲受財産の価額」とされているだけなので，債務は関係なしに譲り受けた財産の価額まで負担するということになります。債務の金額については加味しないということです。もし第二次納税義務が課されるようなことがあれば大変なことになりそうです。

第二次納税義務の限度額である，「譲受財産の価額」も平成28年度に改正された項目です。以前は単に「譲受財産」となっていて，譲受財産そのものが対象となっていました。よって，事業譲渡直後に譲受財産である売掛金等を回収して，すぐに事業資金で使ってしまい，納税を免れるような悪質な例もあったようです。そのため，改正後は財産そのものでなく，そのときの時価相当額が限度とされました。

また，それ以外にも，「同一の場所で事業を続ける」という要件が外される改正がありました。会社のウェブサイトや電話窓口などを変えることなく，形式的に事務所だけを移転して，第二次納税義務の要件を外すような例もあったため要件から外されたようです。

このような改正の経過を見ると，悪質な事業譲渡が後を絶たないという様子が伺えます。

また，滞納税金だけでなく，金融機関からの借入金などについても同様の手法により，その支払いを免れようとする動きがあります。新会社に事業だけを移して，借入金は今の会社に残しておくという方法です。

通常の第二会社方式とどこが違うのかというと，本来の第二会社方式は，債権者全員の同意を得たうえで実行することになりますが，このスキームは債権者に黙って行うわけです。そこが大きな違いです。これは「濫用的会社分割」と呼ばれ，すでに幾例もの裁判で債権者側の訴えを認める判決が出ていますし，会社法の改正により債権者の対抗手段が設けられてもいます。それでもこのような例はいまだに繰り返されているのです。

滞納税金や金融機関からの借入金が多額に及んで悩んでいる経営者は，藁にもすがる思いでいるでしょう。しかし，経営者本人がそんな悪質な事業譲渡で切り抜けようと考えているかというとそうではありません。そうした人々につけ込んで，悪質なスキームを提案してくる者がいるということです。そんなうまい話があるわけないのです。借入金の返済や税金の支払いに困ったら，本設問のようなコンサルタントの提案に耳を貸すことなく，中小企業再生支援協議会のような信頼できる公的機関などに相談することを強くお勧めします。

Q19 個人事業主の第二会社方式

個人で温泉旅館を営んでおります。この度事業計画を作り，事業を新しく設立する会社に譲渡する一方で，取引してもらっている金融機関には債権放棄を依頼することを考えています。しかし，計画策定に関与しているコンサルタントから，法人の第二会社方式は経験があるが，個人事業の場合は税務上の扱いがよくわからないと言われています。個人事業の事業譲渡で税務上留意すべきところはありますか。

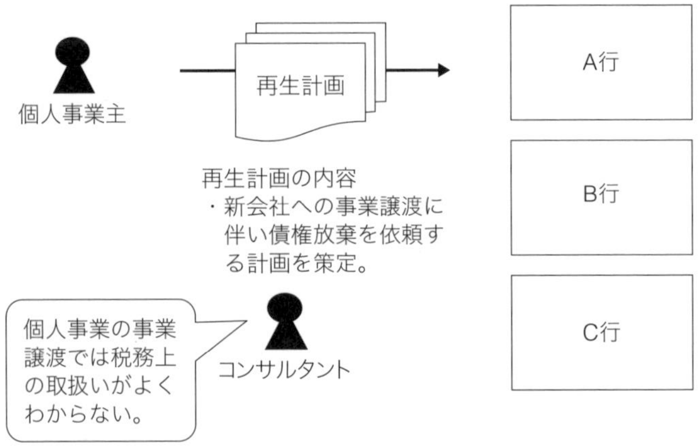

A

個人事業の事業譲渡の場合は，譲渡する対象によって所得の種類が異なることがあるため注意が必要になります。

第二会社方式については，これまで何度か説明してきました。ただし，これらはいずれも譲渡する側もされる側も法人組織の前提でした。事業譲渡をする

側が個人事業主であった場合には，どのようなことが起こるのでしょうか。

下の図を見てください。

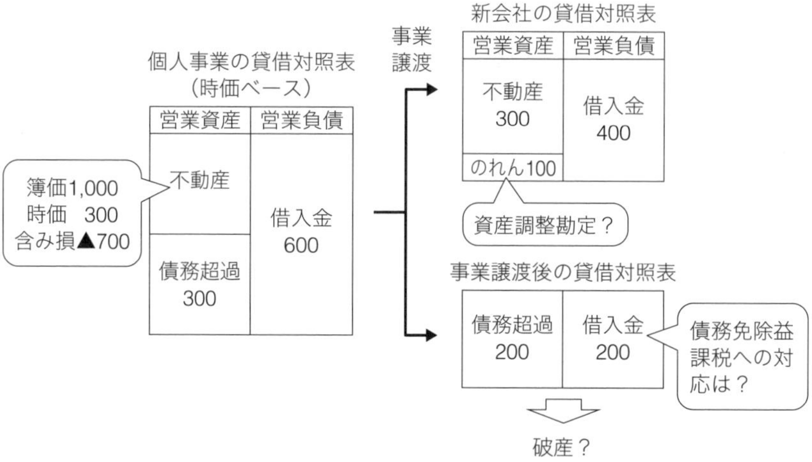

旅館業で考えてみましょう。旅館業の場合，不動産に含み損を抱えていることが多くなっています。利益が出ないときに減価償却費を計上しないで含み損となったり，資金的に苦しく十分な設備投資ができていないため，不動産としての価値が下がってしまっているようなケースが典型です。

上図で法人の場合はどうなるか簡単におさらいしましょう。

① 不動産の含み損が▲700あり，これを外部へ譲渡すると含み損が実現するので，法人であれば，これを使って事業譲渡による利益や債務免除益に対応することになります。

② また，金融機関による債権放棄は，旧会社の特別清算（または破産）の中で処理されることとなっており，債務免除益課税には期限切れ欠損金も使って対応します。

③ 新しい会社は事業を譲り受け，純資産との差額を「のれん」として計上しています。これは，税務上は「資産調整勘定」として，５年間で強制償

却の対象となっていました。

では，それぞれについて個人の場合はどうなるのか考えていきましょう。

まず，①の不動産の譲渡損ですが，個人の場合は不動産の譲渡は分離課税です。700の損失が発生しますが，これは損益通算はできません。この分離課税の損失は，同じく不動産の分離課税同士であれば通算できるのですが，それ以外は通算できないのです。したがって，事業譲渡によって，以下のようなことが起こります。

借方	金額	貸方	金額
営業負債	××	営業資産	××
借入金	100	事業譲渡益	100

課税対象

借方	金額	貸方	金額
借入金	300	不動産	1,000
不動産譲渡損	700		

切捨て

上の仕訳は，不動産以外の資産を譲渡した場合の仕訳です。単純化するために，営業資産負債は同額と考えてください。厳密にいうと，この中には譲渡所得になるものと事業所得になるものが混在することになるかもしれませんが，ここでは無視しています。事業譲渡益となっている部分はどのように考えたらよいのでしょうか。今回の話は，不動産の価値は300しかないのに400の借入金を引き継ぐ内容となっています。つまり旅館業としてののれんの部分が100あるということです。事業譲渡によってのれんの価値が顕在化して事業譲渡益が100でたと考えてください。法人であれば，不動産の譲渡損と相殺されるのですが，不動産の譲渡とその他の資産の譲渡では，所得の種類が異なるため，このようなことが起こるのです。

次に，②の債務免除益にはどう対応するのかということです。所得税法では，資力を喪失して債務を弁済することが著しく困難である場合に債務免除を受けた場合には，課税の対象にしない規定があります。この規定に照らし検討することになるでしょう。

> **所得税法（免責許可の決定等により債務免除を受けた場合の経済的利益の総収入金額不算入）**
> 第44条の２　居住者が，破産法（平成16年法律第75号）第252条第１項（免責許可の決定の要件等）に規定する免責許可の決定又は再生計画認可の決定があつた場合その他資力を喪失して債務を弁済することが著しく困難である場合にその有する債務の免除を受けたときは，当該免除により受ける経済的な利益の価額については，その者の各種所得の金額の計算上，総収入金額に算入しない。

最後に，③の新会社でののれんの処理です。これまでは「資産調整勘定」として償却していくと説明してきましたが，これはあくまでも相手が法人の場合のみです。相手が個人の場合は，無形減価償却資産である営業権として減価償却していくことになるでしょう。

こうなると，②・③はともかく，①の100についての課税が残ります。金融機関に債権放棄をお願いするくらいですから，本人は資力はありません。仮に自己破産したとしても，金融機関からの借入金は法的に処理されますが，税金は免責されません。こうなると，この所得税は非課税の規定に基づき，課税されないことになるかどうか検討するしかないでしょう。以下に，所得税法施行令と国税通則法も関連条文として示しています。いずれにしてもなかなかハードルは高そうですが，これらを材料に税務署に相談するしかなさそうです。

> **所得税法（非課税所得）**
> 第９条　次に掲げる所得については，所得税を課さない。
> 十　資力を喪失して債務を弁済することが著しく困難である場合における国税通則法第２条第10号（定義）に規定する強制換価手続による資産

の譲渡による所得その他これに類するものとして政令で定める所得（第33条第２項第１号（譲渡所得に含まれない所得）の規定に該当するものを除く。）

所得税法施行令（非課税とされる資力喪失による譲渡所得）

第26条　法第９条第１項第10号（非課税所得）に規定する政令で定める所得は，資力を喪失して債務を弁済することが著しく困難であり，かつ，国税通則法（昭和37年法律第66号）第２条第10号（定義）に規定する強制換価手続の執行が避けられないと認められる場合における資産の譲渡による所得で，その譲渡に係る対価が当該債務の弁済に充てられたものとする。

国税通則法（定義）

第２条　この法律において，次の各号に掲げる用語の意義は，当該各号に定めるところによる。

十　強制換価手続　滞納処分（その例による処分を含む。），強制執行，担保権の実行としての競売，企業担保権の実行手続及び破産手続をいう。

事業譲渡では，課税資産に対する消費税の計算も必要になります。実際には，事業譲渡をしたことで消費税が手元に残ったことがありました。手元に残ったといっても，翌年の消費税の申告で納税する分だけです。ところが，手元に現金が残ることで，資力喪失とはいえないのではないかというような議論もあったりして，なかなか非課税の規定は難しいと感じます。

事業承継の問題は待ったなしです。今後は個人事業の案件も増えてくると思いますので，これまで以上に注意が必要です。

第4章

その他の支援策と税務

Q20 DDSによる支援

当社は，事業再生計画を策定し取引金融機関に対して債権放棄を要請したところ，一部の金融機関から，債権放棄はできないがDDSによる支援であれば可能との返事をもらいました。これを受けて，計画を修正するところですが，債権放棄とDDSによる支援が同時に行われる再生計画において，何か税務上の問題は発生しますか。

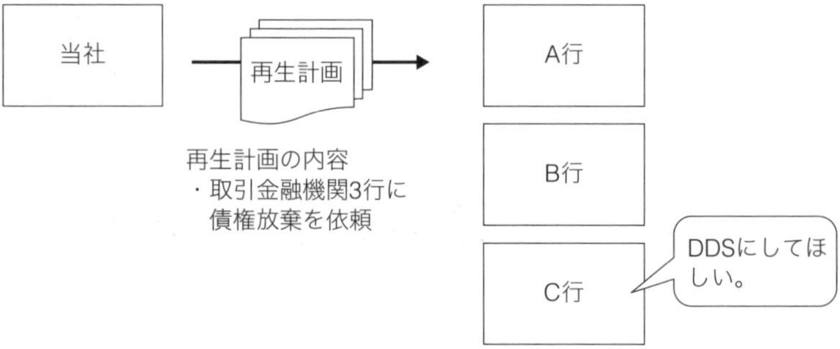

A

DDSの部分は債権放棄を受けることにはならないので，原則として債務免除益が発生することはありませんが，金融支援方法が異なるといえども，全体として「合理的な再建計画」なっているかどうかという点が問われることになります。

問題及び回答では，DDSとだけ記載していますが，ここでは協議会版資本的借入金を前提として話を進めようと思います。協議会版資本的借入金（以下DDS）とは，パッケージ化された金融支援手法で，借入金の一部を劣後化す

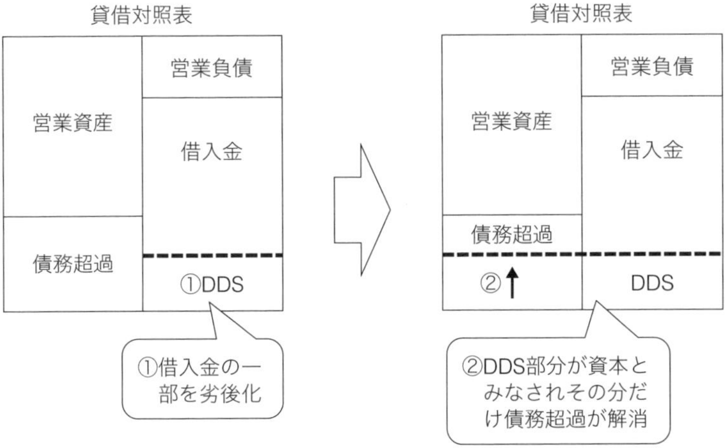

ることで返済負担を減らし，かつ金利を大幅に引き下げるものです。

まずは図を見てください。①では，借入金の一部が劣後化されています。DDSとはデッドデッドスワップ（Debt Debt Swap）の略です。劣後化するだけで借入金に変わりはないのですが，②のように金融機関は劣後化された部分を資本として見てくれるので，金融機関から見た企業の財務内容が改善するという支援なのです。条件としては，無担保で15年後の一括返済，金利は0.4%から0.9%程度，法的整理に至った場合は他の債権に劣後するというような設計が一般的です。ただし，最近では，有担保型や保証人付きのDDSも多く使われています。債権放棄を含む計画ですから，ここでは無担保型を前提に解説しようと思います。債権放棄には及びませんが，金融機関にとってはかなり踏み込んだ支援方法の１つと考えてください。

次に，再生支援協議会の案件でどの程度DDSによる支援が行われているか見てみましょう。「令和元年度に認定支援機関が実施した中小企業再生支援業務（事業引継ぎ分を除く）に関する事業評価報告書（令和２年10月）」として公表されている報告書には次のような資料があります。

これは，中小企業再生支援協議会が関与した計画で，債権放棄やDDSなどが行われた件数です。令和元年度では，債権放棄が131件，DESが１件，DDS

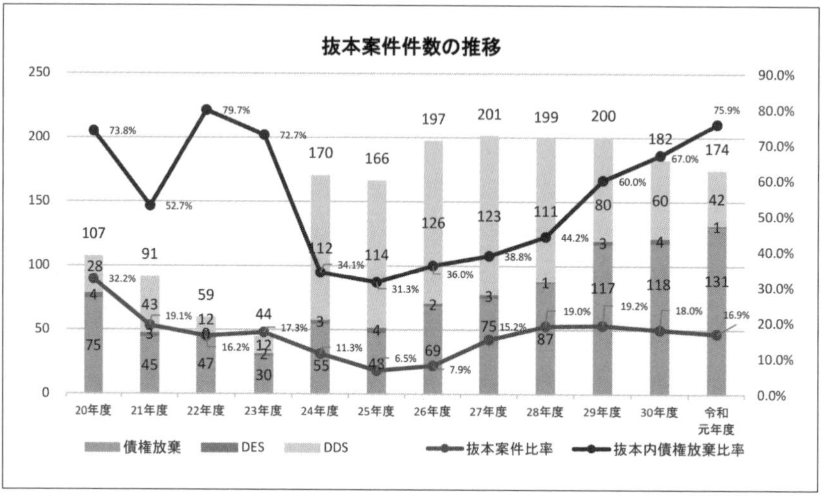

が42件あったと報告されています。DESについては，Q21で解説していますので，ここでは説明しません。これを見ると，DDSによる支援は，平成24年度に大幅に増加した後，平成26年度をピークとしてここ数年は減ってきており，代わりに債権放棄の件数が増えていることがわかります。報告書では，DDSが減少している背景として，支援企業の再生をより確実にするためにDDSよりも債権放棄等を選択するケースが増加しているとありますが，まだしばらくは有力な支援手法の１つであるといえるでしょう。

では，このDDSの税務上の取扱いはどのように考えたらよいでしょうか。基本的には，債権放棄と同様の扱いをされる可能性があると考えておいた方がよいでしょう。もう一度法人税基本通達９－４－２を見てみます。

（子会社等を再建する場合の無利息貸付け等）
９－４－２　法人がその子会社等に対して金銭の無償若しくは通常の利率よりも低い利率での貸付け又は債権放棄等（以下９－４－２において「無利息貸付け等」という。）をした場合において，その無利息貸付け等が例えば業績不振の子会社等の倒産を防止するためにやむを得ず行われるもので合理的な再建計画に基づくものである等その無利息貸付け等をしたことについて相当な理由があると認められるときは，その無利息貸付け等により供与する経済的利益の額は，寄附金の額に該当しないものとする。

（注）　合理的な再建計画かどうかについては，支援額の合理性，支援者による再建管理の有無，支援者の範囲の相当性及び支援割合の合理性等について，個々の事例に応じ，総合的に判断するのであるが，例えば，利害の対立する複数の支援者の合意により策定されたものと認められる再建計画は，原則として，合理的なものと取り扱う。

ここでいう子会社等とは，取引先の中小企業を指すということは先に説明しました。ここでは，取引先の支援の方法として，債権放棄だけではなく，無利息貸付けや通常の金利よりも低い利率での貸付けが対象となっていることに注意します。つまり，DDSにより金利を大幅に引き下げた場合は，その引下げにより得られる経済的利益の額について，債権放棄を受けた場合と同様に計画の合理性が議論されると考えてよいでしょう。

事業再生の現場で，このような話が出た場合は，明らかに債権放棄の方がより踏み込んだ支援と捉えられていますが，法人税基本通達９－４－２を見る限り，税務上は同じようなレベルで取り扱われているように見えます。ただし，１つでも債権放棄を行う金融機関があれば，どの道「合理的な再建計画」を策定することになりますから，DDSが入ったために税務上の判断が大幅に難しくなるということはないと思います。どちらかというと，債権放棄をする金融機関が，なぜあの金融機関はDDSしかしないのかと問題視することになりますので，ここで侃々諤々の議論が行われ，結果として当事者間の牽制が効くことになります。そうした中で，「合理的な再建計画」の要件を満たすかどうかの判断を行うことになるでしょう。

ここで，DDSを行った金融機関における税務上の留意点にも触れておきましょう。金融庁から，「資本性借入金の税務上の取扱いについて」が示されています。

この中では，金融機関がDDSを行うときに，その転換する金額について貸倒引当金の損金算入ができるかという点について言及されています。

（問）
金融機関（債権者）において，債務者における既存の借入金を「十分な資本的性質が認められる借入金」に転換する場合については，法人税法第52条第１項（貸倒引当金）の適用はありますか。
（答）
１．金融機関（債権者）において，債務者における既存の借入金を「十分な資本的性質が認められる借入金」（以下「資本性借入金」という。）に転換する場合には，当該借入金に対応する金銭債権について法人税法第52条第１項，法人税法施行令第96条第１項第１号及び法人税法施行規則第25条の２の各要件を満たすものについては，貸倒引当金勘定への繰入れにより損金の額に算入することができます。
（以下省略）

一定の要件を満たすDDSであれば，法人税法の貸倒引当金として損金算入が認められるということです。このDDS部分が損金になるということはぜひ覚えておいてください。この資料が公表されるまでは，金融機関では，税務上の損金にはならないと考えられており，いわゆる「有税償却」をしていたと思われます。この資料が公表されたことで，損金となる，つまり一定額納税が不要になるということがはっきりしたのですが，あまり浸透していないように感じます。例えば，金融機関における税金の負担が30％だとすると，３億円の支援をしても１億円は納税額が減るということで，実質的な損失は，２億円というふうに考えることができるのです。

では，実際にどのような場合に損金算入が可能になるとされているのかを見てみましょう。この資料では，債権放棄とDDSが同時に行われる計画の中で，DDSを入れた金融機関はその金額を貸倒引当金として損金算入できるとされています。本設問のように債権放棄の支援が含まれる計画の中で，同時にDDSによる支援をするのであれば，対象になるということです。

さらに，この資料においては，金融支援がDDSのみであった場合には，別途相談してほしいという趣旨のことが書いてあります。例えば，取引行３行で，DDSによる支援を行うというときは，そのDDSをした金額を貸倒引当金に計上できるか，個別に税務当局に問い合わせるということになるでしょう。

税務からは少し離れますが，DDSによる支援を考えるうえで注意しなければならないのは，計画の実現可能性についてです。平成30年４月27日に公表された，「再生支援企業の長期追跡調査結果について」と題する報告では，DDSによる支援を受けた企業は，債権放棄を受けた企業に比べて，破綻した企業の割合が７ポイント高くなっていました。

【図２】スキーム別経営状況

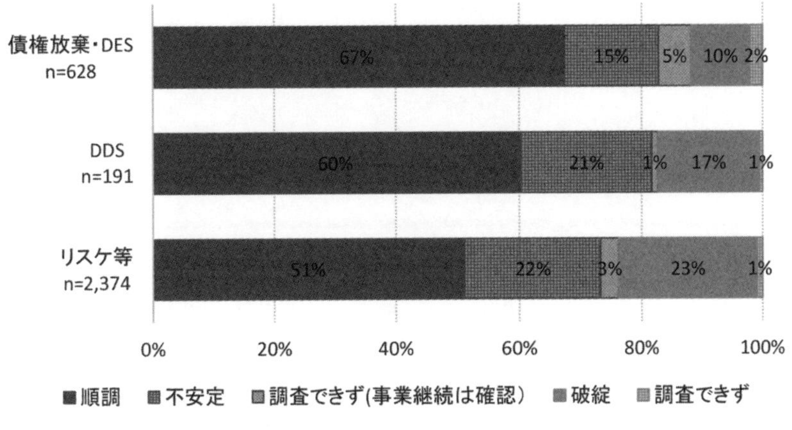

特に最近では，有担保型や保証人付きのDDSも多くなっていることから，単なるリスケジュールとの差があまりなくなってしまったような印象を受けます。とはいえ，今後もDDSを検討するケースはなくなることはないので，実現可能性にこだわって，しっかりとした計画策定をしていくべきでしょう。

Q21 DESによる支援

債権放棄を伴う事業再生計画を作成していたところ，取引金融機関の一部から，債権放棄ではなく，デット・エクイティ・スワップ（Debt Equity Swap：DES）で検討したいという意見が出ています。DESを行うにあたって，税務上留意すべき点はありますか。

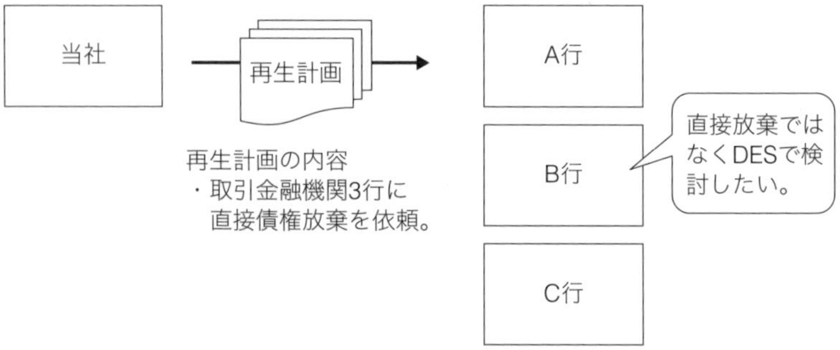

A

直接放棄のときと同様に，計画が「合理的な再建計画」となっているかが重要です。また，債務者側ではDESに伴い債務消滅益が発生するため，直接放棄の場合と同様に欠損金があるかどうかもポイントとなります。

事業再生におけるデット・エクイティ・スワップ（Debt Equity Swap：DES）とは，債権者が債務者に対して有する債権を債務者会社の株式に振り替えるという支援方法なのですが，本設問でいうと，金融機関からの借入金が，支援を受ける中小企業の資本に振り替わるということになります。支援を受ける中小企業にとっては，返済義務のある借入金が，返済不要な資本に振り替わ

り，その分だけ債務超過額が減少するので，財務改善の一環として行われるということになります。

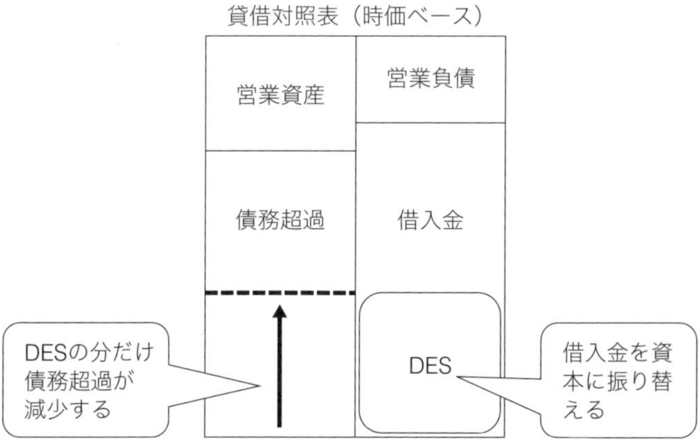

上図では，金融支援の一環として，借入金を資本へと振り替えていますが，金融機関にとっては，債務超過となっている中小企業に対する貸付金がその中小企業の株式に変わったことになります。そこで，まずは金融機関が取得することになるこの株式の時価を考えてみたいと思います。

この株式の時価を考えるにあたっては，平成22年に事業再生に係るDES（Debt Equity Swap：債務の株式化）研究会が公表した「事業再生に係るDES（Debt Equity Swap：債務の株式化）研究会報告書」という報告書が大変参考になります。

この報告書の中では，取得する株式の時価として，「合理的に見積もられた回収可能額の算定」という議論がなされています。簡単に言うと，DESの対象となっている債権がそもそもどのように評価されていたのかをベースにしようということです。以下の図を見てください。

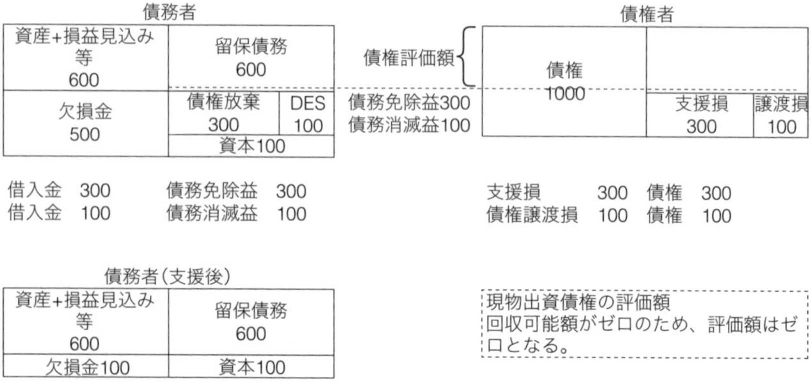

（事業再生に係るDES（Debt Equity Swap：債務の株式化）研究会報告書17頁）

債務者の債務超過が400ある中で，債権者がその400を支援しています。その内訳として，直接放棄が300，DESが100です。この場合，回収可能額は600であって，DESの対象となった債権は，回収不能額400に含まれているため，その債権の時価はゼロということになるとされています。事業再生計画におけるDESは，通常は回収不能と見込まれる金額について，債権放棄やDESといった金融支援を求めているわけですから，その時価がゼロというのは特に違和感はありません。

株式の時価はゼロだということがわかりました。したがって，金融機関側には債権放棄と同額の損失が発生し，企業側には，債権放棄と同額の「債務免除益」が発生することになります。ただ，報告書にもあるように，DESの場合は「債務消滅益」という言葉を使いますので，ここでも「消滅益」で説明していきます。

ここで問題となるのは，金融機関側は債権放棄をした場合と同様に損失が発生するという部分です。直接放棄の**Q6**のときのことを思い出してください。そうです，「合理的な再建計画」です。直接放棄の場合は，その計画が「合理的な再建計画」かどうかが問題となっていたように，DESの場合もその計画が「合理的な再建計画」かどうかが問題となってきます。

以下の通達を見てみましょう。

> **(債権の現物出資により取得した株式の取得価額)**
> 2－3－14　子会社等に対して債権を有する法人が，合理的な再建計画等の定めるところにより，当該債権を現物出資（法第２条第12号の14《適格現物出資》に規定する適格現物出資を除く。）することにより株式を取得した場合には，その取得した株式の取得価額は，令第119条第１項第２号《有価証券の取得価額》の規定に基づき，当該取得の時における給付をした当該債権の価額となることに留意する。
> （注）　子会社等には，当該法人と資本関係を有する者のほか，取引関係，人的関係，資金関係等において事業関連性を有する者が含まれる。

ここでも子会社等とは，金融機関が貸出しをしている中小企業を指します。ですから，この通達の内容は「取引をしている中小企業に対して，債権を有する金融機関が，合理的な再建計画の定めるところにより，その債権を現物出資して株式を取得した場合には，その株式は取得時の時価で評価する」ということになります。この株式の時価はゼロなので，金融機関では，同額の債権譲渡損が発生します。この通達でも「合理的な再建計画」が登場している意味は，支援方法を直接放棄からDESに変更したとしても，直接放棄のときと同じ緊張感で望まなければならないということになります。

再掲しますが，合理的な再建計画の内容は，国税庁のウェブサイトで以下のように示されています。

> **合理的な整理計画又は再建計画とは**
> **【照会要旨】**
> 子会社等を整理又は再建する場合の損失負担等が経済合理性を有しているか否かはどのように検討するのでしょうか（合理的な整理計画又は再建計画とはどのようなものをいうのでしょうか。）。
> **【回答要旨】**
> 子会社等を整理又は再建する場合の損失負担等については，その損失負担等に経済合理性がある場合には寄附金に該当しませんが，この経済合理

性を有しているか否かの判断は，次のような点について，総合的に検討することとなります。

① 損失負担等を受ける者は，「子会社等」に該当するか。

② 子会社等は経営危機に陥っているか（倒産の危機にあるか）。

③ 損失負担等を行うことは相当か（支援者にとって相当な理由はあるか）。

④ 損失負担等の額（支援額）は合理的であるか（過剰支援になっていないか）。

⑤ 整理・再建管理はなされているか（その後の子会社等の立ち直り状況に応じて支援額を見直すこととされているか）。

⑥ 損失負担等をする支援者の範囲は相当であるか（特定の債権者等が意図的に加わっていないなどの恣意性がないか）。

⑦ 損失負担等の額の割合は合理的であるか（特定の債権者だけが不当に負担を重くし又は免れていないか）。

（注） 子会社等を整理する場合の損失負担等（法人税基本通達９－４－１）の経済合理性の判断の留意点

・ 上記②については，倒産の危機に至らないまでも経営成績が悪いなど，放置した場合には今後より大きな損失を蒙ることが社会通念上明らかであるかどうかを検討することになります。

・ 上記⑤については，子会社等の整理の場合には，一般的にその必要はありませんが，整理に長期間を要するときは，その整理計画の実施状況の管理を行うこととしているかどうかを検討することになります。

Q6でも説明したとおり，上記の基準をすべて満たすのはなかなか大変です。支援をする金融機関にとっても，寄附金課税の対象になっては，ということで第二会社方式を選択するケースもあるということはお話しました。さらに，そこまでしてDESをしても，金融機関が取得したその中小企業の株式をどう処分するかという問題も残ります。もともと市場で流通していない株式ですから，取得したとしてもなかなか処分が難しいのです。

債務者側の問題についても触れておきます。債務者にとってみると，金融機関からの借入金が，自社への出資金に振り替わったことになります。財務内容は改善するのですが，債権放棄を受けたときの「債務免除益」と同額の「債務消滅益」が発生することになり，その課税への対応が必要になります。

このときの対応方法は，直接放棄の場合と同様です。青色欠損金や期限切れ欠損金，資産の譲渡損失を利用するような対応方法が検討されます。また，平成18年度の税制改正において，企業再生税制を使った場合の支援方法としてDESが追加されていますので，不動産の含み損などを使ったスキームも検討可能となっています。

ここで，今一度116頁のグラフを見てください。

平成20年度から令和元年度までの中小企業再生支援協議会の関与した抜本案件件数の推移です。これを見ると，支援策としてDESを利用した件数は，最も多かった年でも４件程で，０件の年もあります。

以前の話になりますが，平成18年に会社法が施行されるまでは，DESを行っても，この「債務消滅益」は発生しないこととされていました。したがって，「合理的な再建計画」や「寄附金課税」の心配はいらないスキームとして一定程度活用されていたのです。ところが，平成18年以降，DESにより取得した株式は取得時の時価とするとされ，その時価の求め方が論点となり，先述の研究会が結論を出しました。市場での流通性の問題もありましたが，時価評価が決め手となって，DESは中小企業の事業再生ではほとんど使われない支援方法になってしまいました。

企業再生税制でもDESを使えるようにするなど，使い勝手の部分では改善しているのですが，中小企業の再生において，そこまでしてDESをする理由がないというのが現実のようです。

Q22 サービサー会社からの提案

当社の借入金の一部は債権回収会社に譲渡されています。長年その債権回収会社に弁済を続けてきたのですが，先日，その債権回収会社の担当者がやってきて，額面1億円の借入金について，500万円を一括で払うのであれば，残額は債務免除をすると提案されました。非常にありがたい提案ですが，顧問税理士からは，債務免除益課税で多額の納税が必要になると言われています。そのような中で，代表者が買い取ってしまえば債務免除益の問題は回避できると聞きましたが，税務上何か問題はありますか。

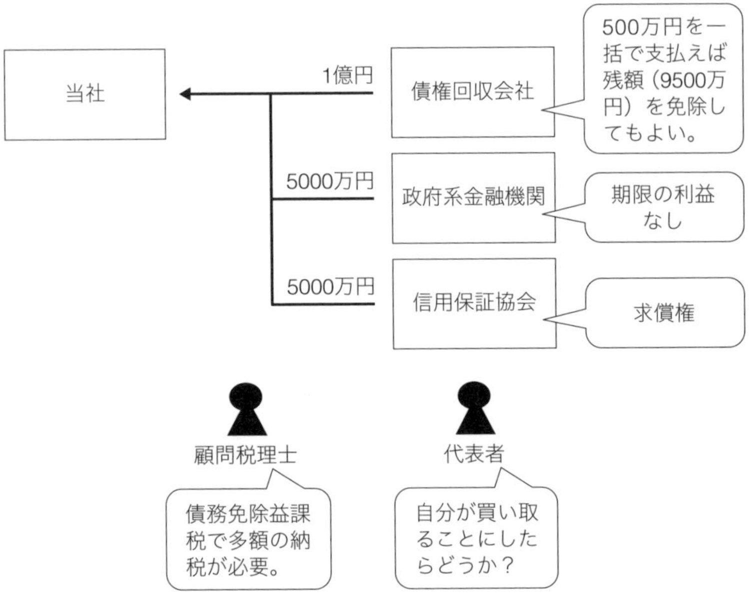

A

債務免除益課税がなされることはないかもしれませんが，多額にわたる役員借入金の処理方法を検討しておく必要があります。再生支援協議会などに相談して，他に良い方法がないか考えてみてはいかがでしょうか。

債権回収会社（サービサー）とは，金融機関等から債権を譲り受けて（委託を受ける場合もあります），債権の回収を行う法務大臣の許可を得た民間の債権管理回収専門業者です。本来であれば，弁護士または弁護士法人以外の者が債権の回収業務を行うことは禁じられていましたが，不良債権の処理等を促進するために，平成11年に法律が施行され，このような民間会社として設立された会社です。

本設問の例では，金融機関から債権を譲り受けて，その債権の回収を行ってきたものと考えられます。では，どのようなときに債権回収会社に債権が売られてしまうのかというと，金融機関として，回収が困難になった場合です。回収が難しくなっている債権ですから，額面金額で取引されるわけではなく，債務者の状況に応じて，また担保権を設定している不動産の状況などに応じて価格が決まることになります。額面を下回る金額で購入している債権なので，設問のような話が成り立つというわけです。

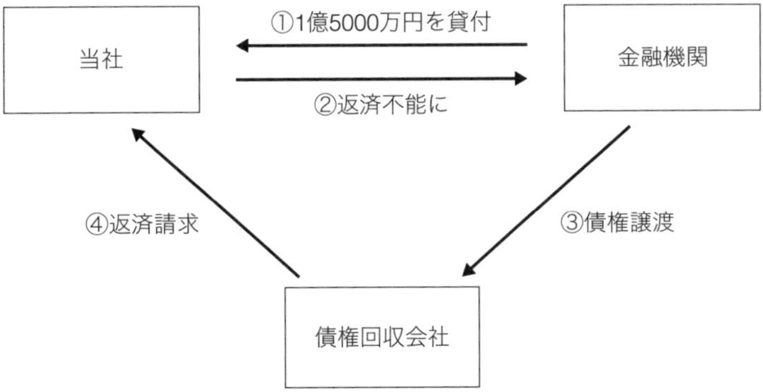

では，債務免除を受けたときの税務上の取扱いはどうなるでしょうか。金融機関と債権回収会社の間で簿価を下回る価格で譲渡がされていたとしても，債務者である企業側の債務は額面のままです。したがって，設問の例では9500万円（1億円－500万円）の債務免除益が発生することになるでしょう。青色欠損金などで債務免除益に対応できるかどうか検討することになるのですが，本設問の場合は，どうやら難しいようです。そこで，代表者が資金を出し額面金額のまま引き受けることにするという話になっています。これであれば，債務免除はしていないので，債務免除益は発生しないことになります。債権回収会社からは脱出したいということで，緊急避難的には仕方がないのかもしれませんが，しかし，その後の処理を考えておかないと後で困ることになってしまうかもしれません。代表者からの借入金ですから，返済を迫られる心配はいらないのかもしれませんが，心配事は残ります。それは，代表者が亡くなったときにその役員借入金相当額が相続財産となってしまうということです。実態としてそれだけの価値がないのかもしれませんが，原則として課税財産となります。例外として，回収が困難な貸付金であれば課税財産とされない場合もありますので，通達を確認してみましょう。

（貸付金債権等の元本価額の範囲）

205　前項の定めにより貸付金債権等の評価を行う場合において，その債権金額の全部又は一部が，課税時期において次に掲げる金額に該当するときその他その回収が不可能又は著しく困難であると見込まれるときにおいては，それらの金額は元本の価額に算入しない。

⑴　債務者について次に掲げる事実が発生している場合におけるその債務者に対して有する貸付金債権等の金額（その金額のうち，質権及び抵当権によって担保されている部分の金額を除く。）

イ　手形交換所（これに準ずる機関を含む。）において取引停止処分を受けたとき

ロ　会社更生法（平成14年法律第154号）の規定による更生手続開始の決定があったとき

ハ　民事再生法（平成11年法律第225号）の規定による再生手続開始の

決定があったとき

ニ　会社法の規定による特別清算開始の命令があったとき

ホ　破産法（平成16年法律第75号）の規定による破産手続開始の決定があったとき

ヘ　業況不振のため又はその営む事業について重大な損失を受けたため，その事業を廃止し又は6か月以上休業しているとき

⑵　更生計画認可の決定，再生計画認可の決定，特別清算に係る協定の認可の決定又は法律の定める整理手続によらないいわゆる債権者集会の協議により，債権の切捨て，棚上げ，年賦償還等の決定があった場合において，これらの決定のあった日現在におけるその債務者に対して有する債権のうち，その決定により切り捨てられる部分の債権の金額及び次に掲げる金額

イ　弁済までの据置期間が決定後5年を超える場合におけるその債権の金額

ロ　年賦償還等の決定により割賦弁済されることとなった債権の金額のうち，課税時期後5年を経過した日後に弁済されることとなる部分の金額

⑶　当事者間の契約により債権の切捨て，棚上げ，年賦償還等が行われた場合において，それが金融機関のあっせんに基づくものであるなど真正に成立したものと認めるものであるときにおけるその債権の金額のうち⑵に掲げる金額に準ずる金額

法人税の貸倒損失の取扱いに近い内容となっています。これだけ読むと，例えばその企業が債務超過だったとしても，それだけで認められることはなさそうです。今回の話は中小企業とそのオーナー経営者との間での借入金の話ですから，なおさら認められる可能性は低いのではないでしょうか。したがって，相続などが起こる前までにこの役員借入金をどのようにして減らしていくのかを検討しておく必要があります。代表者が引き受けることはいわば先送りするということですから，しっかりとその後に対策を考えていかなければならないということです。

では，先送りしない手立てというのはあるのでしょうか。債権の一部が債権

回収会社に売却されてしまったということは，業績が悪化して，借入金の返済ができなかった時期があったということです。借入金の返済ができなくなると，「期限の利益」と呼ばれるものを失ってしまい，本来であれば今すぐ全額を返済をしなければならないということになります。また，信用保証協会が保証している部分は，保証協会によって代位弁済され，保証協会が直接の債権者になります。こうした状態で金融取引を正常化させるためには，もう一度メインバンクとなってくれる金融機関を探して，債権回収会社から脱出するタイミングで，保証協会などとの取引も正常化することが必要となります。

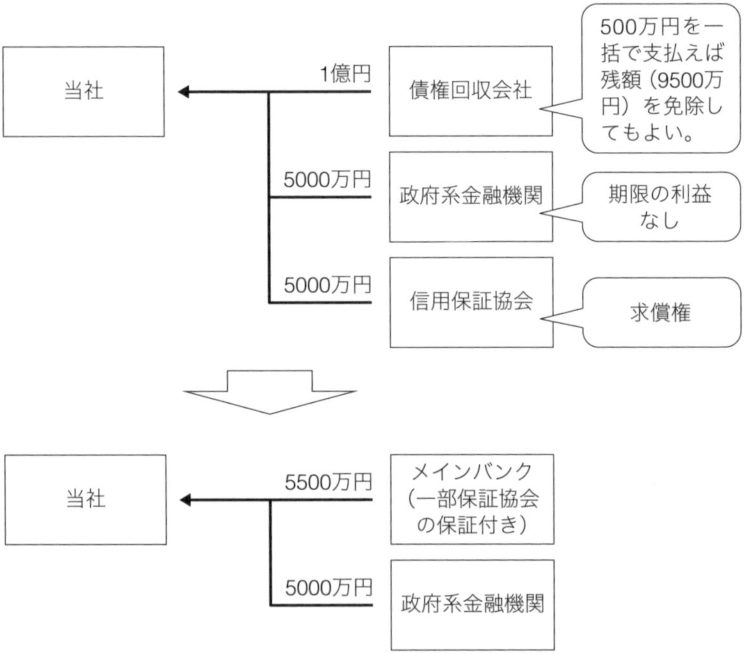

もちろん，経営者が１人で動いたところでなかなかメインバンクとなってくれる金融機関を探すことは難しいと思います。そのようなときは，まずは再生支援協議会などの支援機関に相談することをお勧めします。特に再生支援協議

会の常駐専門家には地元の金融機関の出身者も多く含まれていますから，会社の状況に応じて，金融取引の正常化についてのアドバイスを貰えるはずです。メインバンクを探そうということになっても，再生支援協議会を通じて話をしてもらうと断然スムーズに話が進むでしょう。

債権売却がされてしまったということは，かなり苦境にあったということだと思います。それでも，一定の利益が出てくるまで回復してきたのであれば，金融取引を正常化するチャンスです。まずは，再生支援協議会などの支援機関へ相談に行って，その時点で考えられる一番良い方法を一緒に考えてもらいましょう。

第5章

保証人の税務

Q23 保証履行した場合の課税

金融支援を要請した金融機関から，支援内容については検討するが相応の保証債務の履行をしてほしいと言われています。そのため，個人で所有している不動産を売却し，保証債務の履行にあてることを計画しています。ところが，計画の策定に関与しているコンサルタントから，不動産の譲渡に伴い，所得税が発生するかもしれないので，顧問税理士に相談した方がよいと言われました。譲渡代金はすべて金融機関への支払いにあてる予定で，手元には納税資金が残りません。どのように対応したらよいでしょうか。

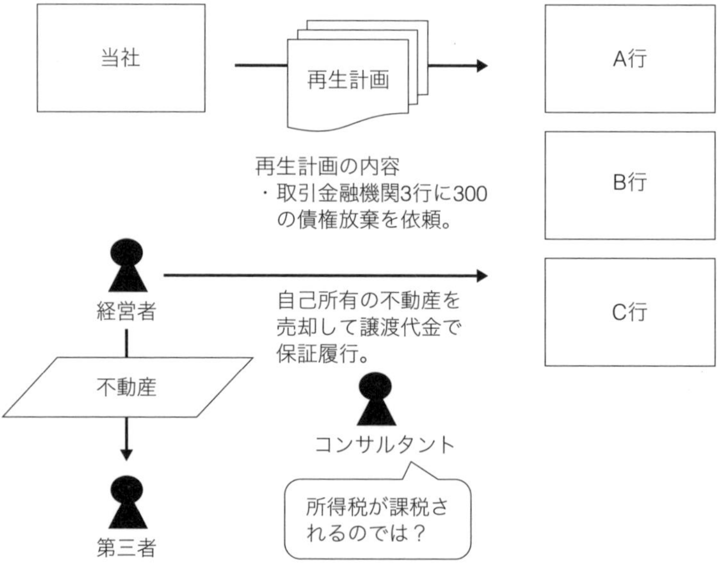

A

まずは譲渡所得が発生するかどうかを確認し，譲渡所得が発生するようであれば，所得税法の保証債務の特例の適用ができないか検討するべきでしょう。

中小企業の場合，経営者は会社の借入金に対して連帯保証しています。会社が返済できなくなったときに，経営者個人が支払うことになるということです。本設問のように，会社が債権放棄などの金融支援を受けた場合，その保証債務が顕在化し，経営者が保証履行を求められることになります。中小企業の再生計画では，経営者の再生も欠かせないということです。

以下の図を見てください。

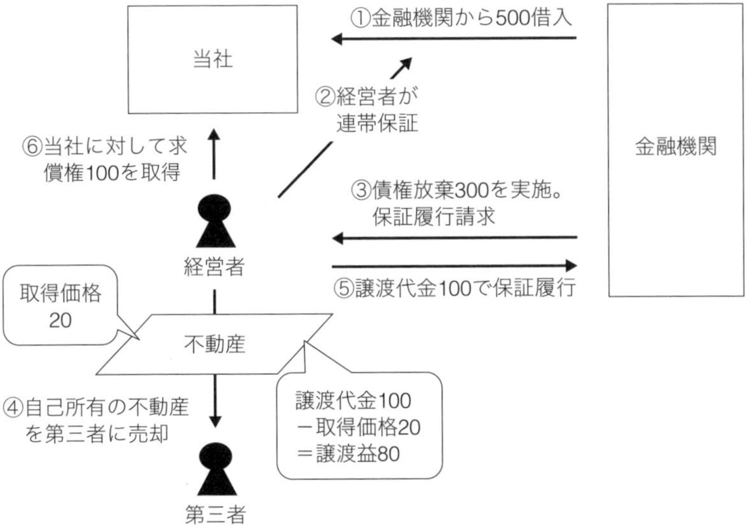

順を追って見ていきましょう。①で金融機関から500借入れをしたとします。先程説明したように，②経営者は通常その借入金に連帯保証をしています。③では，本設問のように再生計画を作成し，金融支援として債権放棄を実施してもらったものと考えてください。設問にあるように，金融機関は連帯保証人で

ある経営者に保証履行の請求をしてきます。経営者は，④自己所有の不動産を第三者に売却し，⑤その譲渡代金100をもって保証履行したとします。この④の部分で譲渡所得が発生するかどうかが問題となるのですが，ここでは，保有していた不動産の取得価格が低額（20）であったため，売却により含み益（100－20＝80）が実現したと考えてください。この実現した含み益の部分が譲渡所得（80）となり課税の対象となります。

金融機関に金融支援を依頼すると経営者が保証履行をすることとなり，このようなことが起こり得るのです。経営者は，譲渡代金を保証履行にあててしまっていますから，所得税を課せられても納税するための資金がありません。本設問のように，会社が大変な状況に陥っているときは，経営者にもほとんど私財は残っていません。私財を投入してぎりぎりまで頑張って，耐えきれずに事業再生に取り組むというケースが本当に多いのです。

譲渡所得が発生することはわかりましたので，今度は保証債務の特例が使えるのかどうかが問題となります。

保証債務の特例とは，この譲渡益の部分にかかる所得税を課税しないという特例です。譲渡代金の全額が金融機関への返済に回ってしまい納税の負担に耐えられない，つまり担税力がないということを理由として課税しないという特例なのです。

保証履行の特例を受けるための主な適用要件は以下のとおりです。

・売却代金の全部または一部が保証債務の履行にあてられていること

・保証債務を履行するための資産の売却であること

・求償権を行使することができなくなったこと

・申告書を提出する際にこの特例の適用受ける旨の記載があること

この中で問題になるのは，３番目の求償権を行使することができなくなったことという部分です。先程は触れませんでしたが，⑤で経営者が金融機関に対して100の保証履行したことで，会社からすると金融機関からの借入金は100減りました。その代わりに，⑥経営者が会社に対して求償権100を取得しています。わかりやすくいうと，金融機関からの借入れ100が，役員からの借入れ100に振り替わったということです。では，この求償権が行使できなくなったとは，どのような状態でしょうか。金融機関から債権放棄を受けなければならないほど痛んでいる会社ですから，役員借入金など払えるはずもないのですが，会社がどの程度困っているかという部分は，判断しづらくなります。所得税の通達を見てみましょう。

（貸金等の全部又は一部の切捨てをした場合の貸倒れ）

51－11　貸金等について次に掲げる事実が発生した場合には，その貸金等の額のうちそれぞれ次に掲げる金額は，その事実の発生した日の属する年分の当該貸金等に係る事業の所得の金額の計算上必要経費に算入する。

(1)　更生計画認可の決定又は再生計画認可の決定があったこと。これらの決定により切り捨てられることとなった部分の金額

(2)　特別清算に係る協定の認可の決定があったこと。この決定により切り捨てられることとなった部分の金額

(3)　法令の規定による整理手続によらない関係者の協議決定で，次に掲げるものにより切り捨てられたこと。その切り捨てられることとなった部分の金額

イ　債権者集会の協議決定で合理的な基準により債務者の負債整理を定めているもの

ロ　行政機関又は金融機関その他の第三者のあっせんによる当事者間の協議により締結された契約でその内容がイに準ずるもの

(4)　債務者の債務超過の状態が相当期間継続し，その貸金等の弁済を受けることができないと認められる場合において，その債務者に対し債務免除額を書面により通知したこと。その通知した債務免除額

(1)と(2)は法的整理の場合ですので，私的整理によるのであれば，(3)か(4)に該当するかどうかです。このうち，(4)はなかなか判断が難しそうですが，この点は，中小企業庁が国税庁に対して「保証債務の特例における求償権の行使不能に係る税務上の取扱いについて」という文書照会をしています。

この中で，上記(4)の部分については，以下のように記載されています。

Ⅰ　求償権行使の能否判定の考え方

主たる債務者である法人の代表者等が，その法人の債務に係る保証債務を履行した場合において，所得税法第64条第２項におけるその代表者等の求償権行使の能否判定等は，次による。

1　求償権行使の能否判定は，他のケースと同様，所得税法基本通達51−11に準じて判定する（所得税法基本通達64−１）。このうち，同通達51−11⑷については，その法人がその求償権の放棄後も存続し，経営を継続している場合でも，次のすべての状況に該当すると認められるときは，その求償権は行使不能と判定される。

①　その代表者等の求償権は，代表者等と金融機関等他の債権者との関係からみて，他の債権者の有する債権と同列に扱うことが困難である等の事情により，放棄せざるを得ない状況にあったと認められること。

　これは，法人の代表者等としての立場にかんがみれば，代表者等は，他の債権者との関係で求償権の放棄を求められることとなるが，法人を存続させるためにこれに応じるのは，経済的合理性を有する，との考え方に基づくものである。

②　その法人は，求償権を放棄（債務免除）することによっても，なお債務超過の状況にあること。

　これは，求償権の行使ができないと認められる場合の判定に際しての考え方である。

なお，その求償権放棄の後において，売上高の増加，債務額の減少等があった場合でも，この判定には影響しないことになる。

2　その法人が債務超過かどうかの判定に当たっては，土地等及び上場株式等の評価は時価ベースにより行う。

なお，この債務超過には，短期間で相当の債務を負ったような場合も含まれる。

実務では，会社が倒産した場合にしかこの特例を受けることができないのではないかと思われていましたが，この文書照会によって，そうではないことが明らかになりました。大きくは2つの要件があるということです。1つ目が，経営者が他の債権者との関係上，求償権を放棄せざるを得ない状況にあったということです。考え方としては，債権放棄をする金融機関から経営者分について放棄するよう求められたということであれば，わかりやすいのではないでしょうか。2つ目は，求償権を放棄してもなお会社は，時価ベースで債務超過の状況にあるということとあります。求償権の行使ができるかどうかは，これらの基準に合うかどうか検討することになっています。

最後に，いろいろ検討した結果，保証債務の特例が使えないという場合を考えてみます。保証人が資力を喪失して債務を弁済することができなくなっている中で，担保権の実行として競売などが避けられないと認められる場合であれば，所得税法上の非課税所得になる可能性があります。ただし，実務ではあまり聞いたことがありません。特に決まった手続きなども用意されていないと思いますので，税務署の窓口に相談に行ってみるというところでしょうか。

それよりも早い段階から保証債務の特例について検討して，もし要件を満たせないのであれば，譲渡代金をすべて金融機関への返済にあてるのではなく，税金の支払いにあてる金額を手元に残してもらえないか金融機関に相談する方が現実的でしょう。

Q24 保証履行として事業用不動産の譲渡をする場合

取引金融機関に対して，第二会社方式による実質的な債権放棄を含んだ再生計画を提示しています。金融機関からは，連帯保証人である経営者について保証履行をするよう求められていますが，経営者には私財がほとんどなく，唯一残されているのはメインバンクに担保提供している当社の工場の底地のみです。保証履行として第三者に売却してしまうと，今後の事業に何らかの影響が出てくる懸念があることから，新会社に譲渡する事を考えています。この場合なにか税務上の問題は発生しますか。

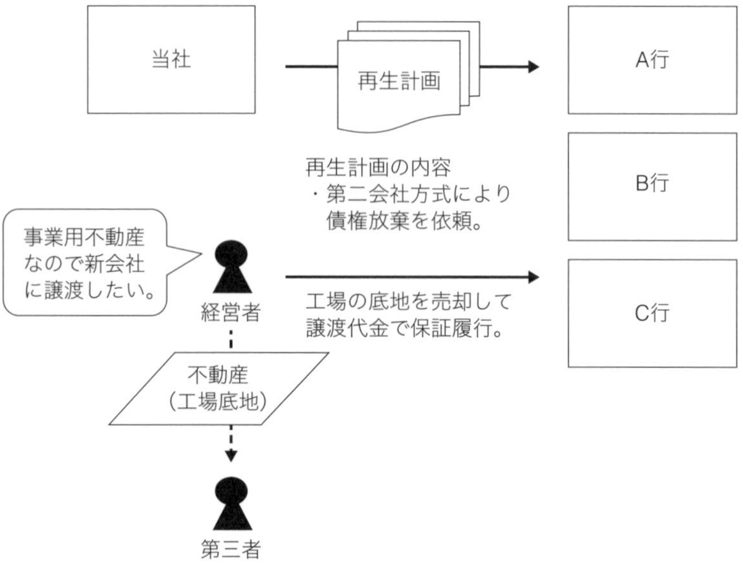

A

譲渡所得が発生する場合に保証履行の特例が使えるかどうかということになりますが，資金調達の方法などの検討が必要となります。

個人事業として創業し，事業が大きくなってきたので法人化したものの，土地の所有者は個人のままというケースはよくあります。工場を立て直したりすると建物の所有者は会社となりますが，土地の所有者は経営者なので，会社から経営者に対して地代を払っているようなケースです。

保証債務の特例については，Q23で見ましたので詳しくはそちらを参照してほしいと思いますが，基本的には，次の要件を満たしてるときに保証債務の特例が使えるということでした。

- 売却代金の全部または一部が保証債務の履行に充てられていること
- 保証債務を履行するための資産の売却であること
- 求償権を行使することができなくなっていること
- 申告書を提出する際にこの特例の適用を受ける旨の記載があること

本設問で問題となっているのは，不動産の譲渡先が，新会社になるというところです。Q23では，個人が所有する不動産を第三者に売却する前提でしたが，本問のように工場の底地部分であったり，旅館の底地部分であったりした場合には，外部への譲渡は考えにくいところです。以下の図を見てください。

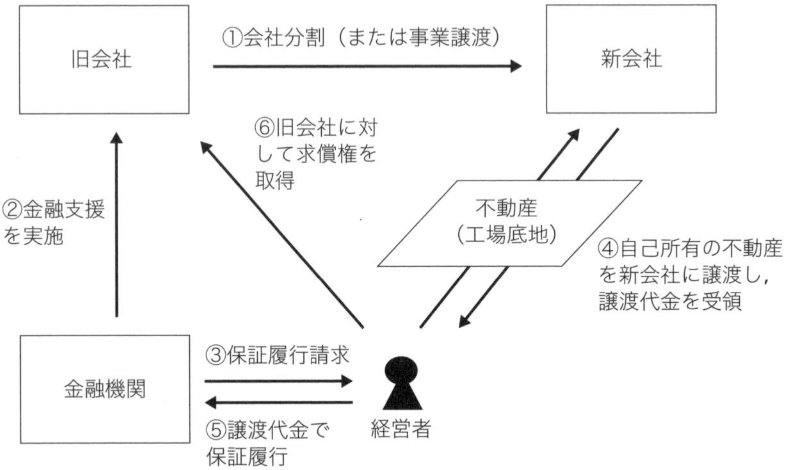

このように，新会社に対して不動産を譲渡することになるとすると，税務上の問題は出てくるのでしょうか。税務上の問題とはいえないかもしれませんが，新会社に不動産を買い取るだけの資金があるのかという問題が考えられます。もともと債権放棄が必要なほど財務内容が傷んでいるわけですから，不動産を取得するだけの資金が手元にあるというのは考えにくいでしょう。であるとすると，どこからか資金を調達しなければなりません。はじめに考えられるのは，メインバンクということになると思います。しかし，メインバンクもこの計画に従って債権放棄を行うのですから，新たに資金を貸し出すのは相当ハードルが高い話になるはずです。一方で，新会社はこの不動産がなければ事業の継続が難しくなるかもしれませんので，事業計画の実現可能性の問題でもあります。では，ここで，メインバンクから新規融資が得られたとしたときの実際のお金の流れを見てみましょう。以下の図を見てください。

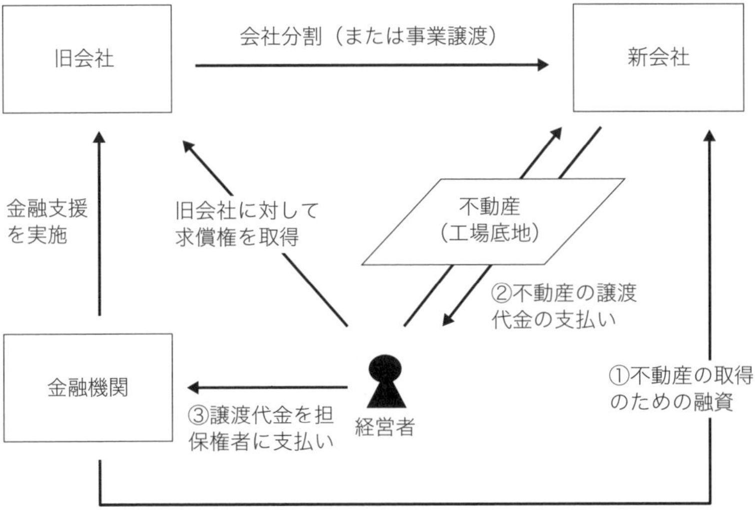

実際のお金の流れを見てみると，①でメインバンクが新会社に融資をしても，③で経営者から同額の弁済を受けることになることがわかります。これならばメインバンクも取り組みやすいといえるのではないでしょうか。

ひとつ考えなければならないのは，求償権の行使不能という問題です。求償権が行使不能なので，保証債務の特例が使えるということになっていました。ところが，新規に資金調達が可能なのであれば，求償権が行使不能となっているとまではいえないのではないか，といえそうです。この点については，求償権が行使不能となっているのはあくまでも旧会社の話ですから，新会社の資金調達とは関係がないと説明できると思います。

次に考えてみたいのは，お金のやり取りがない場合です。以下の図を見てください。

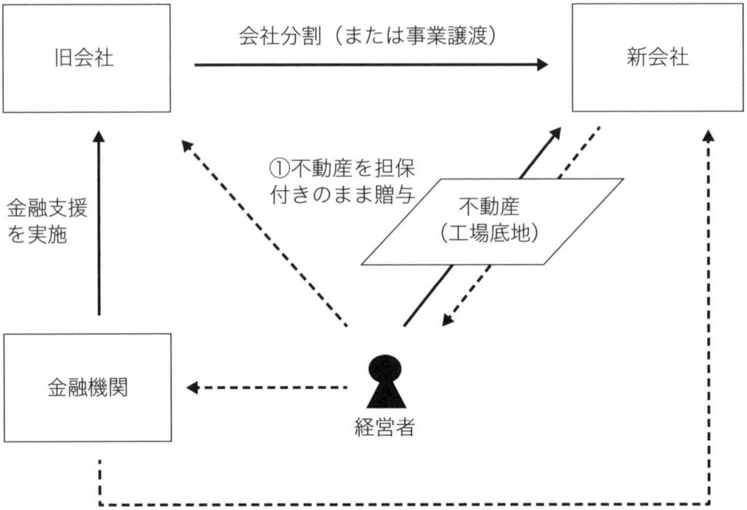

この事例では，お金のやり取りはなく，①で不動産を担保付きのまま新会社に贈与しているだけです。担保権がついたまま会社に贈与しても，お金のやり取りがあった場合と結果として同じことになるのではないかというものです。そうすれば，メインバンクにハードルの高い新規融資のお願いをしなくてもいいのではないかということも手伝って，そういう話が出てくることは理解できます。では，この場合税務上の取扱いはどうなるでしょうか。

まず，経営者は不動産を時価で新会社に譲渡したものとみなされます。したがって，譲渡所得が発生する場合には納税の必要が出てきますし，保証履行をしているわけではないので保証履行の特例も適用されません。難しいところはあるかもしれませんが，資金調達とセットで考える必要があるということです。

では，第二会社方式ではなく直接放棄のときにはどうなるのでしょうか。実は，平成25年度の税制改正で，中小企業について策定された合理的な再生計画に基づいてその中小企業の事業の用に供されている取締役等の私財を贈与した場合には，みなし譲渡課税を非課税とする特例ができました。その後，この法律は平成28年度以降の税制改正で要件の変更がされつつ，本書の執筆時点でも特例が措置されています。ただし，合理的な再建計画に基づき直接放棄をするケースが前提となっていますので，時限立法である点も含めて，適用要件をよく確認するようにしてください。

Q25 経営者保証ガイドラインを利用しよう

会社が再生計画に基づき債権放棄を要請したことで，連帯保証人である私は保証履行を求められています。とても個人で支払える金額ではないので，自己破産するしかないかと思っていましたが，計画策定に関与している代理人弁護士から「経営者保証に関するガイドライン」を利用し，破産を回避する方法があると教えられました。このガイドラインを使った場合の税務上の留意点について教えてください。

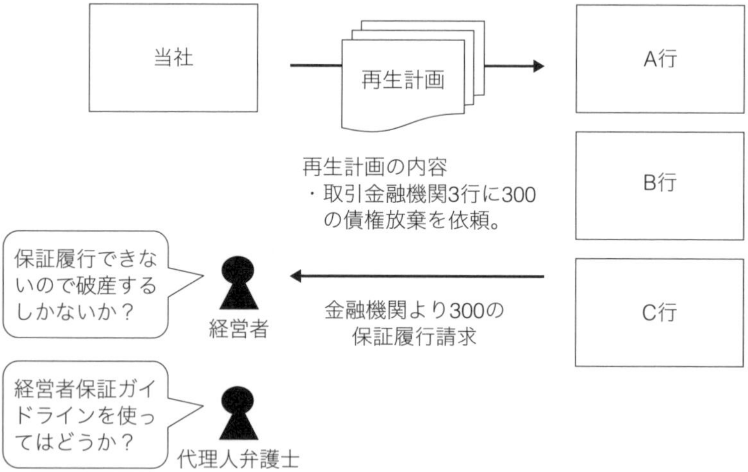

A

合理的な再建計画に基づき，適切に経営者保証ガイドラインの適用を受けるのであれば，税務上の問題は発生しません。

経営者保証に関するガイドラインとは，行政当局の関与の下，日本商工会議所と全国銀行協会が事務局となって設置された研究会において，中小企業団体および金融機関団体の関係者，学識経験者，専門家などの議論を踏まえ定められたガイドラインです。

経営者保証ガイドラインの内容は，大きくは2つに分かれています。1つは，経営者保証に依存しない融資を目指そうというものです。つまり，金融機関が中小企業に融資をする際に，経営者の連帯保証なしで融資することを目指そうとするもので，経営者保証ガイドラインの「入口論」といわれています。もう1つは，経営者が早期の再生を目指して事業計画策定を決断をした場合には個人は破産させず，場合によっては一定の資産を残せるようにしようとするもので，経営者保証ガイドラインの「出口論」といわれています。一方で，中小企業側にも，経営者保証に依存せず，円滑に資金調達できるようにするためには，経営実態を改善する必要があるとして，①法人と個人の分離，②財務基盤の強化，③適時適切な情報開示などが求められています。

本設問では，事業再生計画に基づき保証履行を求められている場面ですから，「出口論」としての経営者保証ガイドラインの適用があった場合の解説を行います。

以下の図を見てください。

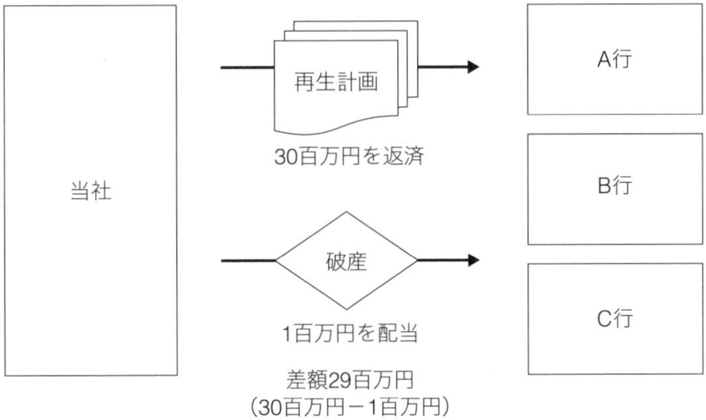

金融機関は，本計画に応じると300の債権放棄が求められ損失を被ることになるのですが，計画に沿って30百万円の返済を受けられることになるとします。一方で，この会社が破産したとしたら，配当は１百万円だったとすると，この計画に応じることで，金融機関は破産の場合に比べて29百万円多く回収できることになるわけです。この差額29百万円が１つのポイントとなります。

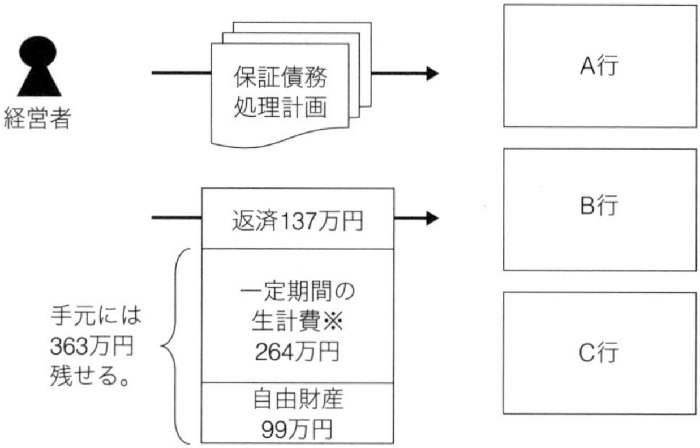

※一定期間の生計費の目安は以下のとおりです。1か月の生計費を33万円として計算します。設例では，60歳の経営者が最大の240日分認められた（33万円×8か月）として計算しています。

保証人の年齢	給付期間
30歳未満	90〜180日
30歳以上35歳未満	90〜240日
35歳以上45歳未満	90〜270日
45歳以上60歳未満	90〜330日
60歳以上65歳未満	90〜240日

一方で，経営者の方では，金融機関の債権放棄に伴い保証履行を求められることになります。経営者の資産ですが，現金が５百万円のみであったとしましょう。仮にこの経営者が破産したら，自由財産の99万円を残して，残額の約４百万円は債権者に支払われることになります。ところが，この経営者は早

期に事業再生の決断をしたことで，債権者にも29百万円の利益をもたらせています。したがって，経営者保証ガイドラインの適用を受けることができれば，破産の場合でも残せる自由財産相当の99万円に加え，この差額29百万円の範囲内で，一定期間の生計費相当額を手元に残しながら，破産を回避することが可能となるのです。この一定期間の生計費をインセンティブ資産といいますが，インセンティブ資産として「華美でない自宅」なども残せる可能性がありますので，事業再生計画を作成するうえでは，経営者保証ガイドラインの適用を検討することは必須といえるでしょう。

もちろん，誰にでもガイドラインが適用され，破産を回避したり，インセンティブ資産を残せたりすることができるというわけではありません。例えば，悪質な粉飾決算を行うなど，債権者の信頼を損なうような行為を行ってきた場合には，経営者保証ガイドラインの適用を債権者に認めてもらえないケースもあるでしょう。私的整理ですから，債権者から信頼されているかどうというのは，非常に重要なのです。一方で，こういう見方もできます。債権者から信頼されていれば，やむを得ない理由で会社が債権放棄を要請することとなっても，破産を回避できることもあるということです。つまり，普段の心掛けというか，平時から債権者である金融機関に対して適切な情報提供を行うなど，誠実に対応できているかどうかが重要なのです。

では，経営者保証ガイドラインによって保証債務の免除を受けられたときに，税務上はどのように取り扱われるかを見てみましょう。保証債務の免除ですから，一義的には，何らかの経済的利益を受けたということになるはずですが，経営者保証に関するガイドラインQ&Aにこのような記載があります。

> Q.7–32
> ガイドラインに沿って保証債務の減免・免除が行われた場合の保証人及び対象債権者の課税関係はどのようになるのでしょうか。
> A
> 対象債権者が，ガイドラインに沿って準則型私的整理手続等を利用し対象

債権者としても一定の経済合理性が認められる範囲で残存保証債務を減免・免除する場合，保証人に対する利益供与はないことから，保証人及び対象債権者ともに課税関係は生じないこととなります。（中小企業庁及び金融庁から国税庁に確認済）

また，全国銀行協会のウェブサイトでは，「『経営者保証に関するガイドライン』に基づく保証債務の整理に係る課税関係の整理に関するQ&A」という文書が公表されています。

この中で，「Q１　主たる債務と保証債務の一体整理を既存の私的整理手続きにより行った場合」として，再生支援協議会のスキームを利用して会社の再生計画を作り，経営者はガイドラインに基づき保証債務の免除を受けた場合の例が示されています。この例では,「合理的な再生計画であるという前提に立った場合，（中略）所得税の課税関係は生じないものと解して差し支えありませんか」との問いに対して，「そのとおりに解して差し支えありません」と回答がされています。その理由としては，合理的な再生計画を前提として，直接放棄により債権放棄された部分の保証債務は付従性により減額され，会社の借入金として残される部分は，会社から回収可能な部分の免除であるとして，偶発債務の免除に過ぎないので課税関係は生じないとしています。経営者が適切に保証履行に応じていることも課税関係が生じない理由の１つとなっていると思います。

これらの２つの記載を見ると，経営者保証ガイドラインの適用を受けて保証債務の免除を受けた場合には，課税上の問題は発生しないように思えます。ただし，あくまでも会社の計画は「合理的な再建計画」に基づき，個人の保証債務の整理は経営者保証ガイドラインの規定に基づいていることが前提です。その中でも，個人の保証債務整理はまだ事例が少なく，税務上の論点がはっきりしているとは言い難いのではないかと考えています。ガイドラインの規定より少しでも多くの金額を残そうという話を耳にしたことがありますが，ガイドラインの考え方に照らし，あくまでも債権者の協力を得ながら，会社の事業が再生し，個人は破産を回避できることが一番重要なのだと思います。

これから先専門家には経営者保証ガイドラインの知識が必須といえるでしょう。自己破産を回避するために経営者保証ガイドラインの適用を検討できるかどうかが問われることになります。たとえ会社は破産することになったとしても，経営者個人は破産を回避することができる可能性は十分にあるのです。

第6章

税理士による顧問先の支援

Q26 顧問税理士と一緒に事業計画を作ろう

当社では，当面の資金繰りに懸念はありませんが，当社の顧問税理士から経営改善に対する意識を高め資金繰り管理や採算管理が行えるようするため，事業計画を策定してはどうかと提案がありました。そもそも事業計画とはどのように作成するものでしょうか。

A

まずは，ビジネスモデル俯瞰図を作成して，当社の事業を振り返ることからはじめてはいかがでしょうか。

経営がうまく行かなくなってから，事業計画を作ろうとしてもなかなかうまくいきません。なぜなら，余裕がないからです。事業再生が必要なくらい経営がうまくいっていないときには，資金的にも，精神的にもあらゆる余裕がなくなります。事業計画は，余裕があるうちに作るのが一番よいのです。そういう意味で，この顧問税理士の提案は，非常にすばらしい提案だと思います。

ところで，事業計画を作成するには順番があります。

① 事業の内容を再確認する。

② 事業における課題を抽出する。

③ 課題に対して対策を検討する。

④ 数値に落とし込みPL計画を作る。

事業計画は，このような方法で作るとスムーズに行くのですが，ときどき④の数値計画をいきなり作ろうとする人がいます。その場合にどのように作るかというと，エクセルで直近の決算額を入れて，それを横にコピーしていきます。

そして「このくらいの利益が必要だ」と，まず必要な利益の額を計算します。しかしそうすると，このくらいの改善が必要だということで，削減ができそうな経費をとりあえず削減することになります。経費の削減だけで追いつかなければ，努力目標として（特に裏づけはないままに）売上高を増やしたり，原価を削ったりして必要な利益の額に合わせようとします。

これでは絵に描いた餅になります。利益目標を置くこと自体は悪くないのですが，とにかく根拠がない数字が並んでしまっています。事業計画を作るときには，レベル感はいろいろあるにしても，まずは改めて事業を見つめ直すところからはじめなければなりません。事業を見つめ直し，その中で課題を見つけ，その課題に対する解決策を考えるのです。そうして出てきた解決策を数値に落とし込むことで，損益計画ができあがります。こうした過程を経て，いわば自動的に作成されるのです。

事業計画を作るうえで一番重要なのは，経営者自らが事業を見つめ直し，課題を抽出し，その課題に対する対策を考えることです。ただし，この過程を全部１人で行ってしまってはなりません。顧問税理士や取引金融機関など，外部の人間のアドバイスを受けながら，また，従業員など内部の人にも協力してもらいながら，より良い計画を目指します。私の経験からすると，１人で作った計画というのは，なかなかうまくいきません。多くの人の意見を取り入れながら，最終的に経営者が決断をするというのが，良い計画を作るために必要なステップだと思います。

経営者が事業を見つめ直し，多くの人を巻き込むにあたって最も適したツールが，ビジネスモデル俯瞰図となります。

ビジネスモデル俯瞰図とは，その企業の取引先などを図で表し，自らの事業を見つめ直すことで，課題や解決策を考えるためのシートになります。以下の図を見てください。

≪ビジネスモデル俯瞰図≫

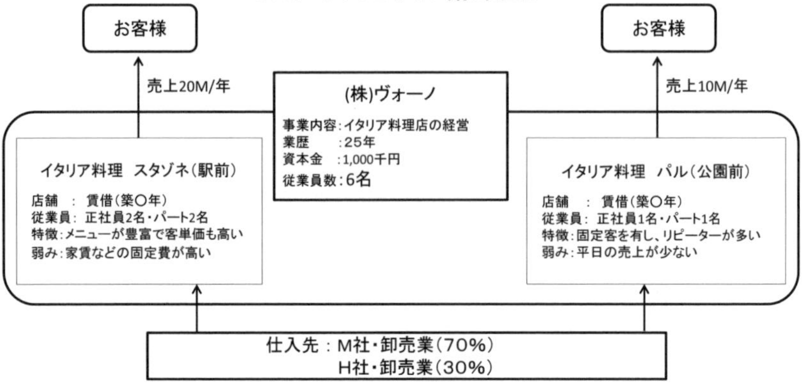

これは，中小企業庁のウェブサイトで公開されている，「早期経営改善計画策定支援事業」における事業計画書のサンプルの一部です。「早期経営改善計画策定支援事業」については，後ほど説明します。

この図では，イタリア料理店が例として挙げられています。見てみると，２店舗あってそれぞれの店舗にお客さんがいて，スタゾネ（駅前）店には従業員が４名，パル（公園前）店には従業員が２名いるとあります。また，それぞれの店の特徴が書いてあって，スタゾネ店はメニューが豊富で客単価は高いけれど，家賃など固定費も高い。パル店は，リピーターが多いけれど，平日の客が少ない。仕入れはM社が７割，H社が３割。

ここまで見ていかがでしょうか。ここで重要なのは，このように図で示すということです。なぜかというと，文字を見ているだけで，もしくは言葉で聞いているだけでこの図にあるような事業だとぱっと理解することはできません。図を見ないで，上の文章だけを読んでみてください。文章を読んだだけでは，なかなか情報が入ってきません。ところが，こんな簡単な図を１枚書くだけで，認識を共有できるのです。

このビジネスモデル俯瞰図を見ながら，経営者と顧問税理士で，事業の内容を改めて確認し，そこから課題を抽出してみましょう。従業員にも参加してもらっても構いません。この１枚の絵を見ながら，ここに課題があるんじゃないかとか，こうすればもっと良くなるんじゃないかなどと話し合ってみてください。例えば，先程のサンプルでいうと，「お客様ってあるけど，どういう人が実際に来店しているのだろう」とか，「店舗ごとの損益ってどうなっているのだろう」とか，「メニューごとの原価は把握できているのか」などでしょうか。

次に，そうして出てきた課題に対して，対策を考えます。サンプルで考えれば，「お客様の属性を把握する方法が必要ではないか」とか，「店舗別に集計する方法はないか」とか，「メニューごとに原価を計算してみよう」などですね。

そうしてから，最後にこの対策を数値に落とし込むことになります。この対策がうまくいったらどのくらい利益が増えるのか計算します。その課題の対策にあたる責任者を決め，その課題が解決した場合の効果を金額で評価します。例えば，原価を細かく把握することで原価の削減に成功したとしたら，売上原価率が１％改善するというようなやり方です。なお，課題を解決するには一定の時間がかかることもあります。ですから，数値だけでなく改善までのスケジュールも一緒に組むことになります。

≪アクションプラン≫

	主な経営課題
1	店舗毎の客層を把握しておらず、幅広い顧客に対応するための材料を多く仕入れているが廃棄食材も多い
2	料理毎の原価を把握しておらず、利益率などを意識した経営が出来ていない
3	資金不足になると安易に運転資金を調達し、販管費などの見直しが出来ていない

主要課題に対する アクションプランの具体的な内容		実施時期	主担当	計画0期目	計画1期目以降
①	●両店でどのようなお客様が来店しているかを調べて実態を把握する。 ●把握した客層を踏まえたメニューを設定して売り上げ増加につなげる。	今期中	店長 認定支援機関	±0	売上＋1%
②	●料理ごとに原価を把握する。 ●利益率を勘案して「今日のおすすめ料理」を設定する。	①の結果を踏まえ速やかに着手	料理長 認定支援機関	±0	原価率▲1%
③	●共通費なども考慮した店舗別の損益を把握する。 ●両店を比較し、販管費の削減につなげる。 ●社長以外にもこれらについて検討できるよう、後継者についても検討していく	・当期中に着手 ・来期中に目処	社長 店長 認定支援機関	±0	販管費▲0.5M

課題に対する対策が決まり，責任者とスケジュールが確定し，その効果を数値に落とし込むことができれば，損益計画が完成します。これまでまとめた政策とその効果を損益計画の形で示すのです。下の図を見てください。

≪損益計画≫

（単位：千円）

	直近期 28年9期	計画0年目 29年9期	計画1年目 30年9期	計画2年目 31年9期	コメント
売上高	30,000	30,000	30,300	30,300	アクションプラン①より
売上原価	12,000	12,000	11,666	11,666	
（原価率）	40%	40%	38.50%	38.50%	アクションプラン②より
売上総利益	18,000	18,000	18,635	18,635	
（粗利率）	60%	60%	61.50%	61.50%	
販売費・一般管理費	18,500	18,000	17,400	17,200	
（人件費）	12,000	12,000	12,000	12,000	
（減価償却費）	2,000	1,500	1,400	1,200	
（その他経費）	4,500	4,500	4,000	4,000	アクションプラン③より
営業利益	−500	0	1,235	1,435	
営業外収益	−	−	−	−	
営業外費用	800	800	760	720	
（支払利息）	800	800	760	720	
（その他）	−	−	−	−	
経常利益	−1,300	−800	475	715	
特別利益	−	−	−	−	
特別損失	−	−	−	−	
税引前利益	−1,300	−800	475	715	
法人税等	70	70	70	70	
当期利益	−1,370	−870	405	645	

借入金残高	20,000	20,000	19,000	18,000	
簡易CF （当期利益＋減価償却費）	630	630	1,605	1,645	

中小企業庁のサンプルでも，損益計画にはコメントが付いています。１番右側の欄にある施策のナンバーは，アクションプランのナンバーと連動しています。このように，ビジネスモデル俯瞰図の作成から課題の抽出とそれに対するアクションプラン，数値計画への落とし込みという一連の流れがつながっていることが理解できると思います。

このような方法を採ると，計画がうまくいかなかったときにその理由を考えることができます。例えば，目標としていた利益に届かなかった場合にも，施策のナンバーが右側に入っていますので，そのアクションプランのどこに問題があったかを見直すことができるのです。うまくいかなかった理由は様々です。例えば，アクションプランを策定したのにそのアクションを実行に移さなかった，もしくは課題の深堀りが不十分で対策が万全でなかった，さらには課題の抽出がそもそも間違っていたなどです。計画どおりにうまくいかなかった場合には，このように計画策定の過程に戻って，どこに問題があったのかということを検証することが非常に重要です。この検証ができれば，さらに精度の高い事業計画を策定することが可能となってきます。

では，中小企業庁の施策である「早期経営改善計画策定支援事業」について，少し触れます。早期経営改善計画策定支援事業（通称「ポストコロナ持続的発展計画事業」）は，中小企業，小規模事業者の早期の経営改善を支援する事業として，専門家とともに事業計画を作成することで，その計画策定費用に対して最大で200,000円の補助がされる事業です。もともとは，中小企業の健康診断としての金融支援が必要になる前に経営改善に取り組もうという制度でしたが，新型コロナウイルス感染症の影響を受けた中小企業者等が，資金繰り計画などを策定するうえで有効な事業であるとして，従来の機能を残したまま制度のリニューアルがなされています。

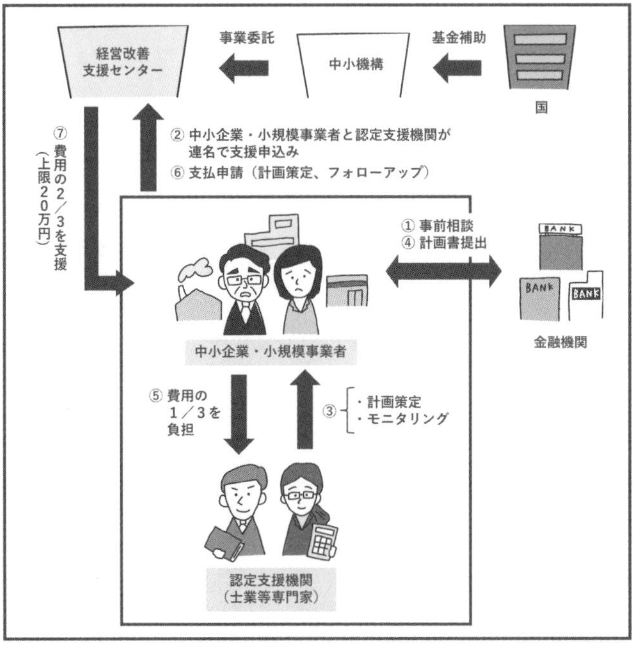

この制度では事業計画書として，以下のような資料を作成することが求められます。

① ビジネスモデル俯瞰図

② アクションプラン

③ 資金繰り実績計画表

④ 損益計画

また，1年後に金融機関に対して計画の実行状況を報告をすることになっています。

ビジネスモデル俯瞰図を作成したうえで，本設問の解説にあるようなプロセスを経て，事業計画を作成することが求められているということです。また，その作成プロセスに金融機関を巻き込んで，計画の精度を上げようという工夫が見られます。中小企業にとって「健康診断」ともいえるこの制度は，使い勝手の良い制度です。本設問のように，余裕のあるうちに顧問税理士が計画作りを提案し，このような制度を使って，事業計画の作成に取り組んでほしいと思います。

また，早期経営改善計画のサンプルのうち「コロナ用」は，③資金繰り実績計画表，④損益計画に代えて，業績および資金繰り計画表として，今後1年間の月別業績の見通しおよび資金繰りの予定を示す様式となっています。これは，コロナの影響を受けている企業は，自社にどのような影響が出ているのかをタイムリーに把握するために，月次ベースで収支および資金繰りを確認する必要があるということだと思います。また，簡易資金予定表というツールも合わせて示されています。

今後，中小企業の経営改善のためには，多くの中小企業を顧問に持つ地域の税理士と地域金融機関との間の連携は欠かせないと考えられます。顧問先企業の事業計画を一緒に作り，その事業計画の内容を企業の経営者と取引金融機関に説明することこそが，信頼関係を構築する第一歩です。経営改善が必要になる場合はもちろんのことですが，そうでない場合，いわば平時から事業計画を策定し経営管理を進める一方，1年ごとに税務申告書一式をもって金融機関に報告する。これを繰り返すことで，税理士と金融機関との信頼関係が構築されると思います。

経営者がなかなかその気になってくれず，という声も聞かれます。でも考えてみてください。経営者にとっては，その企業（事業）は自分の子供と同じです。その自分の子供が健康なうちに健康診断を受けさせるということです。当たり前ですが健康診断は健康なときにしか受けられません。病気になってからでは遅いのです。顧問税理士としてもためらう理由は何もありません。取引金融機関にも協力してもらいながら，ぜひ顧問先の健康診断を実施してみてください。

Q27 中小企業再生支援協議会に相談に行こう

長年取引のある金融機関に新規融資を申し込んだところ，現在の財務内容では，新規融資は難しいと言われてしまいました。合わせて，中小企業再生支援協議会というところに相談に行くように言われています。どうやら，金融機関から当社は事業再生が必要なくらい悪い状況にあると考えられてしまっているようです。調べてみたところ，再生支援協議会の支援を受けると税務上の特典があるとされていますが，どのような特典があるのでしょうか。

A

中小企業再生支援協議会が関与した再生計画で，一定の要件を満たすものは，期限切れ欠損金の利用など税務上のメリットがありますが，それ以上に専門家から経営改善や事業再生のための多くのヒントを得られるというメリットがあると思います。

中小企業再生支援協議会とは，全国47都道府県に１か所ずつ設置された公的機関で，事業再生の専門家が常駐し，日々中小企業の経営者などからの相談に応じています。平成15年の設置以降，令和３年３月までに相談件数は，49,971件に上り，再生計画の策定支援件数も15,591件に達しています。件数が多いということもそうですが，これだけ長い期間に渡って，中小企業の支援を行ってきていることから，地域における「事業再生のプラットフォーム」と呼ばれるようになってきています。

1．窓口相談件数と再生計画・特例リスケ計画策定支援完了件数の推移

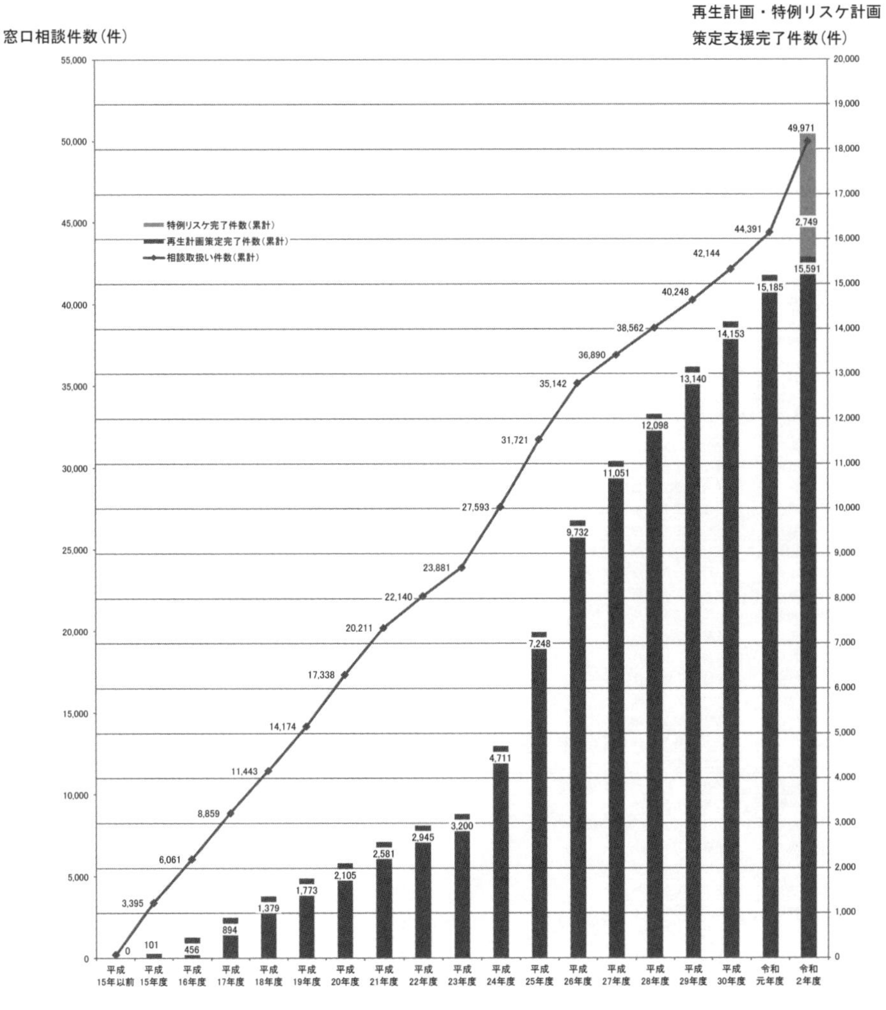

３－１．中小企業再生支援協議会の協議会別
再生計画策定支援等の活動状況

（単位：件数）

都道府県	設置主体	計画策定支援完了件数		令和２年度第４四半期計画策定事前調査中	令和２年度第４四半期計画策定支援中
			うち令和２年度第４四半期		
北海道	札幌商工会議所	392	2	1	8
青森県	(公財)21あおもり産業総合支援センタ	243	1	0	14
岩手県	盛岡商工会議所	269	1	0	16
宮城県	(公財)みやぎ産業振興機構	314	3	0	13
秋田県	秋田商工会議所	246	2	0	5
山形県	(公財)山形県企業振興公社	292	2	0	26
福島県	(公財)福島県産業振興センター	242	2	0	8
茨城県	水戸商工会議所	323	1	0	18
栃木県	宇都宮商工会議所	654	2	0	4
群馬県	(公財)群馬県産業支援機構	358	2	0	14
埼玉県	さいたま商工会議所	458	1	1	23
千葉県	千葉商工会議所	493	8	0	18
東京都	東京商工会議所	857	14	4	33
神奈川県	(公財)神奈川産業振興センター	498	7	0	16
新潟県	(公財)にいがた産業創造機構	402	6	0	19
長野県	(公財)長野県中小企業振興センター	468	5	6	13
山梨県	(公財)やまなし産業支援機構	179	0	0	5
静岡県	静岡商工会議所	505	5	0	12
愛知県	名古屋商工会議所	337	3	0	9
岐阜県	岐阜商工会議所	278	8	0	10
三重県	(公財)三重県産業支援センター	290	2	1	10
富山県	(公財)富山県新世紀産業機構	222	2	0	0
石川県	(公財)石川県産業創出支援機構	454	1	0	7
福井県	福井商工会議所	198	1	0	11
滋賀県	大津商工会議所	276	3	0	8
京都府	京都商工会議所	572	3	0	27
奈良県	奈良商工会議所	173	3	0	4
大阪府	大阪商工会議所	633	12	0	12
兵庫県	神戸商工会議所	510	12	0	44
和歌山県	和歌山商工会議所	142	0	0	4
鳥取県	(公財)鳥取県産業振興機構	151	0	7	6
島根県	松江商工会議所	150	0	6	5
岡山県	(公財)岡山県産業振興財団	280	2	1	2
広島県	広島商工会議所	340	1	0	16
山口県	(公財)やまぐち産業振興財団	278	0	0	4
徳島県	徳島商工会議所	238	0	0	13
香川県	高松商工会議所	287	2	0	8
愛媛県	松山商工会議所	331	1	0	11
高知県	高知商工会議所	269	3	1	9
福岡県	福岡商工会議所	344	9	0	13
佐賀県	佐賀商工会議所	240	1	0	1
長崎県	長崎商工会議所	217	3	0	22
熊本県	熊本商工会議所	223	0	0	16
大分県	大分県商工会連合会	203	2	0	4
宮崎県	宮崎商工会議所	243	0	0	6
鹿児島県	鹿児島商工会議所	322	0	0	1
沖縄県	那覇商工会議所	197	5	0	15
合　　計		15,591	143	28	563

※「計画策定事前調査中」とは「中小企業再生支援協議会事業実施基本要領」６．（２）③による支援を行っていることをいう。

（令和3年6月　中小企業庁　中小企業再生支援協議会の活動状況について）

再生支援協議会の良いところは，事業再生の専門家が常駐しており，いつでも相談に応じてもらえるところです。窓口相談と呼んでいますが，再生支援協議会に常駐している専門家と1時間半から2時間位の面談をすることからはじまります。この面談の中では，会社設立の経緯から，現在の状況に至ってしまった経緯，これまで取り組んできた施策やその効果などについて聞かれますが，同時に様々なアドバイスを貰えます。また，決算の内容について分析した結果を，その場でフィードバックしてもらうこともできます。「再生支援」と聞くと尻込みしてしまうかもしれませんが，現実はまったく違っていて，気軽に経営相談に乗ってもらえる窓口というイメージです。それでも経営者が不安に感じるようであれば，顧問税理士として同席するとよいでしょう。きっと経営に役立つアドバイスが得られると思います。

再生支援協議会では，二次対応といって再生計画の策定の支援も行っています。窓口相談で再生支援協議会が計画策定の支援が必要だと判断した場合には，相談企業に対して再生計画の策定を提案します。また，メインバンクにも連絡して，計画策定に取り組むことについて了承を得て進めることになります。当然ですが，経営者の了解なしに進むことはありませんので，再生支援協議会の担当者の説明をよく聞いてから判断すればよいでしょう。

二次対応の詳しい説明の前に，再生支援協議会の特徴について少し触れます。再生支援協議会の特徴は，「公正中立な第三者機関」，「事業の再生を支援する」，「守秘義務の徹底」という3つです。まず，「公正中立な第三者機関」という意味は，公的機関なので当たり前といえば当たり前ですが，企業の代理人ではなく，また，金融機関の代理人でもないということです。企業の味方をしてくれないのかというとそういう意味ではなく，事業再生のあるべき姿に向かって，公正中立な第三者の立場から様々な提案をするということです。相談企業に対しては，事業改善のために徹底した自助努力を求めますし，その一方で，取引金融機関に対しては，適切かつ必要な金融支援を求めるといった感じです。

次に「事業の再生を支援する」という部分ですが，これも当然だと考えてください。何を言いたいのかというと，再生計画についての説明の中では，やれ第二会社方式だとか，DDSだとか，とかく金融支援スキームが話題になりますが，そもそもの事業が再生しなければ，どのような支援を行ったところで，元の木阿弥になるということです。ですから，再生支援協議会では，まず事業をしっかり改善させよう，金融支援はその次の段階で考えることにしようというような進め方がされていると思います。事業を改善して利益が出るようになってはじめて再生計画を作ることができるのです。

最後に「守秘義務の徹底」です。中小企業は風評被害にあいやすいと言われています。再生支援協議会に相談に行っただけで，あの会社は大丈夫かなどと言われかねないということは理解できます。だからこそ，再生支援協議会では，その実施要領で守秘義務が明記されているのだと思います。

さて，二次対応の話に戻りますが，まずはじめに，計画策定のためにその相談企業の事業面と財務面の詳細な調査が行われます。そうして，会社の実態を把握したうえで，十分な自助努力を織り込んだ再生計画を作成するのです。先ほど金融支援スキームが話題になると伝えましたが，再生支援協議会の金融支援策は，リスケジュールによる支援が全体の9割弱です。ほとんどが，返済条件の緩和をするだけということです。つまり，再生支援協議会が関与している案件とは派手な金融支援スキームではなく，地道な経営改善を積み重ねて，その結果に合わせた返済条件に緩和してもらうような案件ということです。金融支援は結果であって，どれだけ事業を改善できるかが重要ということだと思います。

さらには，再生支援協議会では，再生計画の策定支援だけでなく，経営者保証ガイドラインについての相談にも応じてもらえます。会社は整理されてしまったものの，個人の連帯保証だけが残っている場合などに相談するとよいでしょう。

また，再生支援協議会に併設されている経営改善支援センターでは，「経営改善計画策定支援事業」や，「早期経営改善計画策定支援事業」の2つの事業が行われています。これら2つの事業は，再生計画に至る前の段階の支援策，特に「早期経営改善計画策定支援事業」は「中小企業の健康診断」と理解すればよいでしょう。

このように，中小企業再生支援協議会では，「中小企業の経営診断」から「保証債務の整理」まで幅広い支援が受けられます。「再生支援」という名前にびっくりせずに，気軽に相談できる機関だと思います。

最後に，再生支援協議会が関与した再生計画の税務上のメリットですが，国税庁の質疑応答事例に，「中小企業再生支援スキーム」を使ったケースと，「中小企業再生支援協議会が関与した再生計画で債権放棄が行われた場合の税務上の取扱い」が明らかにされています（「改定後の『中小企業再生支援スキーム』に従って策定された再生計画に基づき産業復興機構の組合財産である債権の債務者が債務免除を受けた場合の税務上の取扱いについて」，「中小企業再生支援協議会で策定を支援した再建計画（A社及びB社のモデルケース）に基づき債権放棄が行われた場合の税務上の取扱いについて（通知）」）。

ここは，再生支援協議会を利用した場合に，期限切れ欠損金の利用など税務上のメリットが受けられることが書いてありますが，この点は，Q11で詳しく解説していますので，そちらを確認してください。

最後に少し宣伝ですが，公正中立な立場から中小企業および小規模事業者（以下「中小企業者等」とします）の経営改善・事業再生を促進，さらには平時における中小企業者等の健全な経営のための仕組みづくりを目指し，一般社団法人中小企業私的再建推進協会（APSMET：Association for the Promotion of SME Turnarounds）を設立しました。当協会では，中小企業者等の支援をしている専門家や企業の経営者，地域金融機関や公的支援機関からの相談に無料で応じています。中小企業者等の事業再生に関して，「どのような方法が考えられるのだろうか」とか，「何か他に良い方法がないだろうか」などといった悩みや心配ごとがありましたら，再生支援協議会だけでなく，当協会へも気軽にご相談ください（連絡先は巻末に記載してあります）。

おわりに

とかく難しいといわれる事業再生における税務問題について，可能な限りわかりやすい内容にすべく努めたつもりです。なぜこのようなことを試みようと思ったかというと，事業再生の現場で経験したことを紹介することで，税理士の先生方に経営改善や事業再生の世界をもっと身近に感じてほしいと思ったからです。私は14年ほど中小企業の事業再生の世界におりましたが，ほとんど顧問税理士に会うことはありませんでした。経営者からは多数の相談を受けましたが，顧問税理士が一緒に来るようなことはほとんどなかったということです。再生支援協議会が支援した再生計画でも，顧問税理士の関与がないままに作成されるケースが非常に多かったです。申告をする際に初めて再生計画の存在を知り，困惑していることも多々ありました。これは，経営者が経営改善や事業再生について考えるときに，税理士は相談相手にならないと思われているのだと残念に感じていました。

その流れが少し変わってきたのは，2013年に経営改善計画策定支援事業（405事業）が，2017年に早期経営改善計画策定支援事業（プレ405事業，現在の「ポストコロナ持続的発展計画事業」）が始まってからのことでした。405事業は，もともとは金融円滑化法の出口対策のための施策の1つでしたが，認定支援機関として税理士業界が積極的に経営改善に取り組むきっかけになりました。とはいっても，顧問先の経営改善に取り組んでいる税理士事務所はまだまだ少ないのが現実です。これだけ疲弊している地域経済において，顧問先である中小業は事業継続のために資金繰り，経営改善，事業承継など様々な課題に直面しています。「中小企業のかかりつけ医」とも呼ばれる税理士は，地域の中小企業を支える立場としてこれからますますその存在が重要となってくるはずです。

今後の地域の中小企業の経営改善の担い手を考えると，顧問税理士だけではなく，当然地域金融機関，信用保証協会の名前が挙がるでしょう。その意味では，本書は金融機関や保証協会の皆様にも手にとってもらおうとも意識しました。税務問題は，専門的すぎてよくわからないので，悪くいうと専門家に丸投げになってしまいます。特に再生計画を策定しているときに，専門家が出してきた案に「それは違うのではないか」と言える人はほとんどいないでしょう。普通は「専門家がそう言っているのだから間違いないだろう」と思ってしまうのです。それはそれで仕方がありません。税務問題は確かに複雑なので，専門家の提案に真っ向から反対したり，対案を出したりするのは難しいことです。それでも本書を参考にして，「税金を支払わなくていいように」とか「こうすればもっと税金が安くなるから」というような提案が出てきたときは，「それは大丈夫なのか」「なにか無理をしていないか」，と感じてほしいと思います。再生計画に関与している債務者企業や債権者は税金を安く済ませるために事業再生に取り組んでいるわけではありません。税務当局は，同意書を出していない潜在的な債権者と考えるべきです。事業を再生するためには将来のリスクは少なければ少ないほど良いに決まっているのです。

それでもなかなか伝えにくいというときは，中小企業再生支援協議会に相談してください。再生支援協議会の常駐専門家は税務の専門家ではありませんから，出てきたスキームのどこがおかしいのかということをピンポイントに指摘することはできないかもしれません。しかし，再生支援協議会の常駐専門家は，非常に多くの案件をこなしているので，「あれ，これは前にも似たような話があったな」というようなアンテナが働くと考えます。さらに再生支援協議会の案件では，外部専門家として，弁護士や公認会計士，税理士なども参加しますので，そこで，再生支援協議会の立場として専門家の判断を確認することもできると思います。

私が関わった14年間でも数多くの新しいスキームが出てきました。それぞれについて税務上の問題点を議論し，公的機関としてやや硬い対応をすべきだと考えていました。間違っても税務当局やそれ以外の優先債権者から「協議会はそんなことをやっているのか」などと言われたくなかったためです。アフターコロナを見据えて，これからも様々な支援策やスキームが出てくることでしょう。これらの税務上の取扱いはどうなるのだろうという点についても，再生支援協議会の意見もぜひ聞いてみてほしいと思います。そうした新しい支援策やスキームに正面から取り組むことになるのは，中小企業の事業再生に数多く関わっている再生支援協議会であることは間違いありません。

最後に，これから先も，税理士は地域において，顧問先企業の経営改善や事業再生に取り組まざるを得ない状況にあると思います。また，そこから逃げてはならないでしょう。税理士の役割は，「中小企業のかかりつけ医」だといわれますが，私はそのとおりだと常々感じていました。日頃から，経営者のそばにいて，様々な相談に応じる中で，経営改善についても顧問先企業のために最適なアドバイスをしなければなりません。本書でも書きましたが，まずはビジネスモデル俯瞰図を描くところからはじめるとよいと思います。この図を書くだけで，経営者との間で経営改善についての議論が生まれ，かなりの効果が期待できるでしょう。それでも事業継続が難しい顧問先企業も出てくると思います。その時は，本書を参考にして，顧問先企業のために最適な方法を模索してください。どうすればよいか迷ったときはAPSMET（巻末参照）にも気軽にご相談ください。

【著者略歴】

賀須井章人（かすい　あきひと）

東京国税局採用後，管内税務署の法人課税部門に勤務。2006年８月東京都中小企業再生支援協議会サブマネージャー。税理士事務所に勤務後，2009年より中小企業再生支援全国本部プロジェクトマネージャー。2018年中小企業再生支援全国本部統括プロジェクトマネージャー（2020年まで）。現在，賀須井章人税理士事務所所長，一般社団法人 中小企業私的再建推進協会（APSMET）理事長。税理士，中小企業診断士。

一般社団法人 中小企業私的再建推進協会（APSMET）の連絡先は以下のとおりです。
〒105-0001東京都港区虎ノ門５丁目13-１ 虎ノ門40MTビル９階
相談用アドレス　call@apsmet.org
ウェブサイト　www. apsmet.com
連絡先電話番号　03-6739-3053

著者との契約により検印省略

令和３年９月30日　初 版 発 行

はじめての人のための
中小企業の事業再生と
税務の基礎Ｑ＆Ａ

著　　者　賀 須 井 章 人
発 行 者　大 坪 克 行
印 刷 所　株 式 会 社 技 秀 堂
製 本 所　牧製本印刷株式会社

発 行 所　東 京 都 新 宿 区 下落合２丁目５番13号　株式会社 **税 務 経 理 協 会**

郵便番号 161-0033　振替　00190-2-187408　電話(03)3953-3301（編集代表）
FAX（03)3565-3391　(03)3953-3325（営業代表）
乱丁・落丁の場合はお取替えいたします。
URL http://www.zeikei.co.jp/

Ⓒ　賀須井章人　2021　Printed in Japan

本書の無断複製は著作権法上での例外を除き禁じられています。複製される場合は，そのつど事前に，出版者著作権管理機構（電話03-5244-5088，FAX 03-5244-5089，e-mail：info@jcopy.or.jp）の許諾を得てください。

JCOPY 〈出版者著作権管理機構 委託出版物〉

ISBN978-4-419-06814-1　C3034